CHRISTIAN KOCH & AXEL KROHN

HÄ?

GOLDMANN
Lesen erleben

Das Buch

Age-Otori (japanisch): nach dem Friseurbesuch schlechter aussehen als vorher.

Umudovat se (tschechisch): sich selbst ins Irrenhaus philosophieren.

Tsondoku (japanisch): neue Bücher kaufen, sie dann aber ungelesen ins Regal stellen.

Sprachpannen, kuriose Redewendungen und die schönsten unübersetzbaren Wörter der Welt!

Die Autoren

Christian Koch und Axel Krohn sind auf den saftigen Wiesen Norddeutschlands groß geworden. Wenn sie nicht gerade ihren Tätigkeiten in der Werbebranche nachgehen, trifft man die beiden Kuriositätenjäger zumeist beim Durchforsten von Land und Netz auf der Suche nach den Absurditäten des Alltäglichen.

Christian Koch
& Axel Krohn

Die schönsten unübersetzbaren Wörter der Welt

... und andere Sprachkuriositäten

GOLDMANN

Umwelthinweis:

Verlagsgruppe Random House FSC® N001967

 Dieses Buch ist auch als E-Book erhältlich.

1. Auflage
Originalausgabe März 2019
Copyright © 2019 by Wilhelm Goldmann Verlag, München,
in der Verlagsgruppe Random House GmbH,
Neumarkter Straße 28, 81673 München
Umschlaggestaltung: UNO Werbeagentur, München,
nach einem Entwurf von © Christian Koch
Lektorat: Doreen Fröhlich
DF · Herstellung: KW
Satz: Christian Koch
Druckerei DZS Grafik d.o.o., Ljubljana
Printed in Slovenia
978-3-442-15973-4
www.goldmann-verlag.de

Besuchen Sie den Goldmann Verlag im Netz

Es gibt Wörter, die gibt es gar nicht. Zumindest nicht im Deutschen. Wörter wie das finnische *kalsarikännit*, welches die interessante Beschäftigung des Sich-allein-zu-Hause-in-Unterhosen-Betrinkens beschreibt. Oder das Wort *dissetato*, das die Italiener verwenden, wenn sie das Gegenteil von durstig beschreiben möchten. Haben Sie jemals von dem in Lappland verwendeten Längenmaß *Poronkusema* gehört, welches die Entfernung beschreibt, die ein Rentier zwischen zwei Pinkelpausen zurücklegt? Das Deutsche muss an diesen Stellen passen und kann nur mit Hilfe vieler Worte umschreiben, was in anderen Sprachen mit einem einzigen Begriff zum Ausdruck gebracht wird. Das Gleiche gilt natürlich auch umgekehrt: Versuchen Sie mal, einem Griechen zu erklären, was ein *Erbsenzähler* ist. Oder einem Franzosen, was ein *Trittbrettfahrer* eigentlich den ganzen Tag so macht. Sie werden merken: Eine Erklärung dauert ein bisschen, mitunter so lange, wie es braucht, um eine Banane zu essen – eine Zeitspanne, für die es im Malaiischen das schöne Wort *piszanzappra* gibt.

Und so wird schnell deutlich: Ein Wort sagt mehr als tausend Wörter! Und wann immer wir auf diese einzigartigen unübersetzbaren Wörter stoßen, entstehen diese ganz besonderen Hä?-Momente, in denen sich das Geheimnis eines Wortes, einer Sprache und mitunter einer ganzen Kultur offenbart. Denn sagt es nicht etwas aus, dass es nur im Deutschen Begriffe wie Erbsenzähler, Schilderwald oder Besserwisser gibt? Könnte es also sein, dass unsere Sprache uns den Spiegel vorhält und wir Deutsche alle pedantisch-korrekte Korinthenkacker sind (noch so ein Wort, welches es in anderen Sprachen nicht gibt)? Keine Sorge: Dem ist nicht so. Oder höchstens nur ein bisschen. Die Wörter stehen vielmehr für Eigenschaften, die in Deutschland besonders ausgeprägt sind und uns offenbar so wichtig erscheinen, dass unsere Sprache hierfür im Laufe der Zeit eigene Wörter herausgebildet hat. So wie es für die in Lappland lebenden Rentierzüchter eben nahelag, ein Wort für die Distanz zwischen zwei Rentier-Pinkelpausen zu erfinden. Das Tolle ist: Kulturen sind keine verschlossenen Silos, in denen Wortschätze auf ewig eingelagert sind. Im Gegenteil: Es gibt permanente Begegnungen und Austausch, und nicht selten folgt auf einen fragenden Hä?-Blick ein freudiges Lächeln. Richtig kurios wird es, wenn bei Übersetzungen von Speisekarten oder Schildern etwas schiefgeht und verdrehte Konstruktionen mit zweifelhaftem Sinn entstehen.

Mitunter kommt es vor, dass Wörter so stark sind, dass sie jeder Übersetzung trotzen und stattdessen im Originalzustand in eine andere Sprache übernommen werden. Beispiele hierfür sind der Kindergarten, der in England *Kindergarden* heißt, oder die Kaffeepause, die man im Finnischen niedlich klingend *Kahvipaussi* nennt. Wir alle wissen, was *Karma* bedeutet (das Wort kommt ursprünglich aus dem Indischen) und sind derzeit dabei, Wörter wie *hygge* (dänisch für eine besondere Art der Gemütlichkeit), *low carb* oder auch *Selfie* begeistert in unseren Wortschatz aufnehmen. Und genau so soll es sein, denn: Wenn Sprache lebt, dann leben auch wir! Drum lasst uns alle hyggelig unser Karma schwingen, gemeinsam laut Hä? rufen und uns an den einzigartigen Wörtern unserer Sprachen erfreuen! Oder wie Goethe es sagte: „Wer fremde Sprachen nicht kennt, weiß nichts von seiner eigenen." Hä? Hä!

Christian Koch und Axel Krohn

INHALT

KAPITEL I

Von Mensch zu Mensch

Wo hört der Mensch auf, wo beginnt die Maschine? Diese postindustrielle Sinnfrage wird in Deutschland einem Affen überlassen. In anderen Ländern trennen (oder verbinden) auch mal andere Tiere „Paulinchen2000" von ihrem Provider.

UNÜBERSETZBARES WORT #01

Wer kennt die Situation nicht: Da hat man ein neues Schwert geschenkt bekommen und ist sich nicht sicher, ob es ordentlich funktioniert. Die praktisch veranlagten Japaner haben nicht nur die Lösung für das Problem, sondern auch gleich ein eigenes Wort hierfür:

TSUJI−GIRI.

Japanisch für: ein neues Schwert an einem Passanten ausprobieren.

Was macht die Sonne, wenn sie untergeht? Warum trägt Papi keine Windeln? Haben Flugzeuge eine Hupe? Kinder stellen Fragen. Ständig. Jeden Tag. Ohne Gnade. Am gnadenlosesten sind Mädchen im Alter von rund vier Jahren. Bis zu 400 Fragen täglich können dann schon einmal in Richtung der Erziehungsberechtigten abgefeuert werden, und in der Regel trifft es die Mama. Der Fragerei endet meist erst dann, wenn das Kind eingeschlafen ist und Kraft für den Quizmarathon am nächsten Tag schöpft. In Russland nennt man Kinder mit besonders ausgeprägten Günther-Jauch-Qualitäten

POCHEMUCHKA.

Wörtlich übersetzt bedeutet das Wort so viel wie „Warum?-Person" (*Pochemu* Russisch für *warum*).

UNÜBERSETZBARES WORT #03

Es gehört zu den Phänomenen unserer Zeit, dass einige Dinge nicht das halten, was sie auf den ersten Blick versprechen. So mancher Holzwurmbefall bei Gartenmöbeln entpuppt sich beim genauen Hinsehen als ganz gewöhnliche Spechtplage! Auch im zwischenmenschlichen Bereich lohnt es, genau hinzuschauen. Welcher Mann kennt es nicht: Man geht eine Straße entlang, unweit vor einem läuft eine attraktive Frau. Die Gedanken sind vor Liebe schlagartig vernebelt, das Herz schlägt schneller, und der Schritt wird forciert, um dem zauberhaften Wesen näher zu kommen. Kurz vor dem Überholen droht ihr süßliches Parfüm einem die Sinne zu rauben, doch man bleibt stark, schließt beherzt zur Dame auf und wirft scheu einen Blick in ihre Richtung, nur um unversehens den Boden unter den Füßen weggezogen zu bekommen: Die Frau hat einen Bart, und beim zweiten Hinsehen wird klar, dass sie gar keine Frau mit zauberhaften Naturlocken ist, sondern ein Typ mit Dauerwelle.

Auch in Japan weiß man um das Phänomen von Schein und Sein und dass nicht alles, was von hinten glänzt, auch vorn vergoldet ist. Für diese Fälle gibt es das Wort:

BAKKUSHAN.

Japanisch für: eine Frau, die von hinten attraktiv aussieht, beim Anblick von vorne das Erwartete jedoch nicht halten kann.

Hilfe, mein Freund hat Blutgruppe B!

Freitagnacht in einer Szenebar in Tokio. Die Luft ist warm, die Musik läuft dezent im Hintergrund, ein junges Paar sitzt cocktailtrinkend an einem Zweiertisch, man schaut sich tief in die Augen.

Er: „Du bist wunderschön."

Sie: *zartes Kichern, dezenter Augenaufschlag*

Er: „Was meinst du, wollen wir weiter, ich kenne da noch eine schöne Jazzbar nicht weit von hier."

Sie: „Ich liebe Jazz."

Er: „Ich auch! Ich habe eine großartige Plattensammlung zu Hause. Wenn du möchtest, zeige ich sie dir."

Sie: „Das wäre so toll, oh ja."

Er: „Wundervoll, wollen wir los?"

Sie: „Welche Blutgruppe hast du eigentlich?"

An dieser Stelle stockt dem westlichen Leser der Atem. Und zwar nicht weil der Dialog die Dame ein wenig eindimensional erscheinen lässt, sondern weil die Frage der hübschen Protagonistin völlig überraschend und deplatziert wirkt. Niemand würde sich wundern, wenn der Jüngling erstaunt seinen Eroberungsversuch aufgrund eines spontanen Romantikverlusts abbräche. In Japan hingegen würde die Frage nach der Blutgruppe keinerlei Irritationen hervorrufen.

Der Dialog liefe in unverminderter Säuseligkeit fort, der Mann würde seine Blutgruppe nennen, die Angebetete in Sekundenschnelle einen Kompatibilitätsabgleich mit der eigenen Blutgruppe machen, und dann stünde – sofern alles zusammenpasst – einem amourösen Verlauf des weiteren Abends nichts mehr im Wege.

Die Deutung der Blutgruppe ist in Japan, Südkorea sowie Taiwan ein weit verbreiteter Brauch. Hintergrund ist die Überzeugung, dass sich hieraus Rückschlüsse auf den Charakter und die Persönlichkeit einer Person ziehen lassen. Das Phänomen lässt sich gut mit der Interpretation von Sternzeichen vergleichen, wobei die Blutgruppe in Japan einen noch wichtigeren Stellenwert einnimmt als bei uns das Sternzeichen. So kennt der Japaner nicht nur seine eigene Blutgruppe, sondern auch die seines Partners und seiner Freunde. Auch die Blutgruppen von Popstars und Sportlern sind allgemein bekannt, und selbst fiktive Charaktere in Mangas oder Computerspielen werden mit A, B, AB oder auch 0 ausgestattet, um deren Persönlichkeit besser zu beschreiben. Sogar bei Bewerbungsgesprächen wird nach der Blutgruppe gefragt! Tageszeitungen veröffentlichen täglich Horoskope für verschiedene Blutgruppen, und es gilt als allgemein anerkannt, diese als wichtige Grundlage bei der Partnerwahl abzufragen. Die südkoreanische Kinoromanze „Hilfe, mein Freund hat Blutgruppe B!" gilt in Japan als Kult.

Auch wenn noch kein einziger ernsthafter Zusammenhang zwischen Blutgruppe und Charaktereigenschaft nachgewiesen werden konnte, sind Japaner mit den Eigenschaften der Blutgruppen bestens vertraut. Sie schließen hieraus, wer mit wem zusammenpasst. Im Umkehrschluss gibt es auch Kombinationen, die nicht so gut miteinander harmonieren. Stellt sich heraus, dass die Blutgruppen zweier Interessenten nicht passen, so ist es nicht ungewöhnlich, einen Flirt spontan abzubrechen. In Japan gibt es für diese Situation das Wort *Bura Hara*, was so viel bedeutet wie: „jemanden wegen der falschen Blutgruppe abblitzen lassen". Es hat eine negative Konnotation und kann so weit gehen, dass jemand wegen seiner Blutgruppe nicht nur abgelehnt, sondern sogar beschimpft wird.

JAPANISCHE BLUTGRUPPENDEUTUNG

BLUTGRUPPE A

Gute Eigenschaften	Aufmerksam, ehrlich, kreativ, einfühlsam, sensibel, zurückhaltend, geduldig, verantwortungsbewusst
Schlechte Eigenschaften	Anspruchsvoll, überehrlich, stur, angespannt, konservativ

BLUTGRUPPE B

Gute Eigenschaften	Optimistisch, wild, flexibel, aktiv, Macher, kreativ, leidenschaftlich
Schlechte Eigenschaften	Egoistisch, wankelmutig, unverantwortlich, draufgängerisch, unversöhnlich, unberechenbar

BLUTGRUPPE AB

Gute Eigenschaften	Cool, perfektionistisch, kontrolliert, rational, gesellig, wissbegierig, liest gern, kreativ
Schlechte Eigenschaften	Materialistisch, kritisch, verletzlich, unentschlossen, vergesslich, unverantwortlich

BLUTGRUPPE 0

Gute Eigenschaften	Realistisch, angenehm, verlässlich, gesellig, optimistisch, ambitioniert
Schlechte Eigenschaften	Eitel, unhöflich, eifersüchtig

Restaurant ALDI

HIER SO BILLIG WIE BEI ALDI

ALDI

WIR MACHEN SPAN FERKEL

IN GRUPPEN FRAGE: NACH ELVIS

#HÄ_01

Ein Schild – drei Fragen:

1. Aldi-Nord oder Aldi-Süd?
2. Wie viele Mitglieder hat wohl eine Spanferkelgruppe?
3. Fragt man „nach Elvis" – kommt dann der Filialleiter oder „In the Ghetto"?

„I'm blue da ba dee da ba daa"

Geben Sie es zu: Sie können die Melodie der Songzeile da oben auch mitsingen? Ist nicht Ihre Schuld. Leider entzieht sich unser Gehirn sämtlicher Befehlsgewalt und merkt sich auch Sachen mit zweifelhaftem Nutzen – selbst Melodien aus der Kategorie Kirmes-Techno. Auf der anderen Seite vergisst es so viel, was man besser nicht vergessen sollte: die Apple ID, Muttis Geburtstag, die Pille, wo man sein Auto nun wieder geparkt hat oder die Namen aller Wikinger aus der Serie „Wickie und die starken Männer" (Wickie, Halvar, Ylva, Ylvi, Gilby, Tjure, Snorre, Urobe, Gorm, Ulme, Faxe, Pokka, Baltac, Olaf und der schreckliche Sven). Gerade das mangelnde Namensgedächtnis führt zu Situationen, die fast jeder kennt: Sie schlendern beispielsweise gut gelaunt durch die Gegend und erblicken unverhofft ein bekanntes Gesicht, das zu einem Arbeitskollegen gehört, der bereits von Weitem und laut Ihren Namen ruft. Sie selbst kramen aber noch in Ihrem Gehirn wie in einer unaufgeräumten Sockenschublade bei Dunkelheit: „Wie war noch der verdammte Name? Wolfgang, Werner, Waldemar? Oder doch wie einer der Wikinger? Das ist doch der Dings, der Dings aus der Buchhaltung!" Wenn Ihnen diese Situation irgendwie bekannt vorkommt, ist das kein Grund zur Sorge, denn: Sie sind nicht allein! Viele Menschen kennen das Problem eines löchrigen Namensgedächtnisses. In Schottland gibt es für das stockende Grübeln nach dem Namen einer bekannten Person sogar ein eigenes Wort:

TO TARTLE.

„Ja, ich bin in einer festen Beziehung, aber wir sind nicht verheiratet, ich lebe jedoch schon seit langer Zeit mit meiner Lebenspartnerin in einer Wohnung zusammen." Diesen recht langen Satz können Schweden viel zeitsparender ausdrücken und zwar so: Ich bin ein

SAMBO.

Die Zeitersparnis musste so groß gewesen sein, dass „Sambo" von der Akademie der schwedischen Sprache offiziell in den Wortschatz aufgenommen wurde. Die Silbe *sam* bedeutet „zusammen", und die Endung *bo* steht für „Bewohner".

Aua, wau-wau oder da da da?

Was war eigentlich die erste Sprache, und wie, wann und wo ist diese entstanden? Sagte irgendwann einmal ein kühner Jäger „Kommt Leute, Schluss mit dem Rumhocken – lasst uns ein paar Mammuts jagen", und alle wussten spontan Bescheid? Oder verständigte man sich zunächst mit Grunz- und Würgelauten, wie man sie noch heute in jeder guten Männerrunde beobachten kann? Die Sprachursprungsforschung hat auf diese Fragen über die Jahrhunderte hinweg keine gesicherte Antwort, aber jede Menge kuriose Theorien gefunden:

1. Im Anfang war das Wort

Wer der Bibel glaubt, hat es einfach: „Im Anfang war das Wort, und das Wort war bei Gott, und das Wort war Gott." So steht es bei Johannes geschrieben (Johannes 1, 1-4) und will sagen, dass die Sprache gottgegeben ist und beim Zusammenkneten des Menschen diesem praktischerweise gleich mit einverleibt wurde.

2. Aua-, Pfui-pfui- oder Pooh-pooh-Theorie

Im Zeitalter der Aufklärung bekamen Denker wie Étienne de Condillac und Jean-Jacques Rousseau ihre Zweifel an der bis dahin geläufigen Meinung, dass die Sprache gottgegeben sei. Sie gingen davon aus, dass instinktive Gefühlsäußerungen im Zuge von zum Beispiel Schmerz (Aua!), Freude (Yeah!), Ekel (Iih!) oder Wut (Arggh!) den Ursprung der menschlichen Kommunikation bildeten. Noch heute sind Überbleibsel dieser Äußerungen in unseren Ausruf- und Empfindungswörtern wie au, bäh, iihh oder pfui in Gebrauch.

3. Da-Da- und Hau-Ruck-Theorie

Im Hinblick auf die Entwicklung der menschlichen Art geht die Wissenschaft heute davon aus, dass der Homo erectus vor etwa zwei

Millionen Jahren von Afrika nach Südostasien auswanderte. Es ist schwer vorstellbar, dass diese weite und beschwerliche Reise ohne frühsprachliche Kommunikation bewältigt werden konnte. Man denke sich in eine Situation hinein, in der eine Gruppe Jäger auf einen großen und gefährlich dreinschauenden Büffel stößt. Ein jeder der Jäger fragt sich „Plattmachen oder wegrennen?", und ohne einige koordinierende Gesten und Geräusche scheint es ausgeschlossen, dass am Ende ein Steak über dem Feuer brutzelt. Im Sinne der Da-Da-Theorie zeigt derjenige Jäger, der den Büffel als Erster entdeckt, wild gestikulierend in Richtung Abendbrot und macht seine Mitstreiter mit den Worten „Da da da!" (bedeutet übersetzt in etwa: „Hey Leute, guckt mal, da steht das Vieh, lasst ihn uns umhauen und grillen") auf den Büffel aufmerksam. Und nur, wenn sich jetzt alle verstehen und gemeinsam auf den Büffel losgehen, kann das gefährliche Unterfangen gelingen. Wenn der Büffel dann erlegt ist, steht auch schon das nächste Problem im Raum: Wie soll man das tonnenschwere Urtier vor das heimische Zelt schaffen? Und hier kommt die Hau-Ruck-Theorie ins Spiel. Sie geht davon aus, dass die frühzeitlichen Menschen im Sinne der Koordination (in diesem Fall zeitgleiches Ziehen aller Jäger auf das Kommando „Ruck!") die ersten sprachlichen Äußerungen entwickelten.

4. Wau-wau-Theorie

Diese Theorie besagt, dass die menschliche Sprache durch das Nachahmen von Tierlauten entstanden ist. Der Drang zur Lautmalerei (Onomatopoesie) ist tief im menschlichen Wesen verwurzelt. Auch heute bringen Eltern ihren Kindern das Sprechen bei, indem sie die Geräusche von Tieren oder Fahrzeugen vormachen und die Kinder motivieren, diese nachzusprechen: „Ei Cheyenne-Kiara, nun sag doch mal: Wie macht der Hund?" Im Sinne der Kognitionswissenschaft ist es zulässig, Rückschlüsse von der Entwicklung eines Kleinkindes auf die Entwicklung der gesamten Menschheit zu finden. Der Ansatz basiert auf dem Leitsatz des Mediziners und Freidenkers Ernst Haeckel (1834–1919): „Die Ontogenese ist eine kurze Rekapitulation der Phylogenese." Diese so genannte biogenetische Grundregel besagt, dass die Entwicklung eines einzelnen Lebewesens (Ontogenese) eine verkürzte Wiederholung der gesamten Stammesentwicklung (Phylogenese) darstellt. Und auch wenn weder Cheyenne-Kiara noch ihre Eltern von diesem Zusammenhang etwas ahnen, so bestätigen sie diesen, wenn das kleine Mädchen die Augen ihrer Eltern mit einem niedlichen „Wau wau" zum Leuchten bringt.

5. Chit-Chat-Theorie

Dieser Ansatz geht auf den britischen Psychologen Robin Dunbar zurück. Er sieht soziale Interaktionen als Ursprungsgrund für die Sprachentwicklung. Ab einer bestimmten Größe einer Gruppe, so die These, reicht das sich gegenseitige Flöhe ziehen zur Kommunikation nicht mehr aus, da dieses immer nur zwischen zwei Han-

Ich glaub', mich laust der Affe! Laut Chit-Chat-Theorie waren Klatsch und Tratsch eine wichtige Triebkraft für die Entwicklung von der Affenhorde zur menschlichen Gemeinschaft.

delnden (der eine hat Flöhe, der andere pult sie ihm raus) statt-
findet. Sobald es um einen komplexeren Informationsaustausch
geht, hilft nur eines: ausgiebiges Tratschen. Laut Dunbar lässt sich
der Übergang von der kleinen Affenhorde zur menschlichen Ur-
gemeinschaft auf die soziale Interaktion des Klatschens und Trat-
schens (englisch Chit and Chat) zurückführen, da hierdurch Infor-
mationen und Wissen von einer einzelnen Person an eine größere
Gruppe weitergegeben werden können.

6. Ding-Dong-Theorie

Die Anhänger dieser Theorie sehen den Ursprung der Sprache darin,
dass die Urmenschen ihrerzeit versuchten, mit ihren Lauten münd-
liche Gesten zu erzeugen und damit die Umwelt widerzuspiegeln.
So soll beispielsweise das Wort Mama die Lippenbewegung des
Säuglings beim Stillen darstellen.

7. La-la-Theorie

Diese Theorie wurde von dem dänischen Sprachwissenschaftler
Otto Jespersen (1860–1943) aufgestellt. Er sieht den Ursprung der
Sprache im romantischen Umfeld und geht davon aus, dass die
ersten Worte aus den Lauten des Werbens um die Liebste sowie
durch Singen entstanden sind. Um die Herzdame zu erobern, so
sein Ansatz, reichte es schon damals nicht aus, nur seine Muskeln
imposant zur Schau zu stellen oder sich tarzanartig auf die Brust
zu trommeln. Auch auf der romantischen Ebene galt es zu punkten, und was eignete sich da besser, als die Stimmbänder für eine
sanft vorgetragene Melodie einzuspannen? Auch in der neueren
Sprachforschung taucht das Thema der sexuellen Evolution in Verbindung mit der Entstehung der Sprache immer wieder auf, sodass
der Ansatz der La-la-Theorie bis heute diskutiert wird.

Kennen Sie noch Karlsson vom Dach? Diese dicke und egozentrische Variante von Pippi Langstrumpf? Karlsson hatte immer einen Propeller auf dem Rücken, mit dem er überall dort hinfliegen konnte, wo gerade seine Fähigkeiten zum Unsinnverzapfen benötigt wurden. In Sachen Disziplin und Freundlichkeit taugte Karlsson kaum als Vorbild für Kinder, in Sachen innovativer Mobilitätslösungen war er allerdings ein Visionär. Denn wenn's auf den Straßen zu voll und im Bus zu eng wird, dann gilt für Menschen seit jeher das alte Froschmotto: „Fliegen möchte ich!" Tatsächlich war der alte Menschheitstraum auch im Personennahverkehr immer wieder Innovationstreiber für Ideen, welche die Menschheit nicht brauchte, aber leider hatte. Bestes Beispiel: der Raketenrucksack. Viele Mittvierziger haben aus den 80er Jahren nur zwei Erinnerungen. Erstens: den Vorspann der Serie „Ein Colt für alle Fälle", in der Colt Sievers mit einem Raketenrucksack auf einem Hausdach landet, und – zweitens – die Eröffnungsfeier der Olympischen Spiele in Los Angeles, bei der ein unbekannter Haudegen (Colt Sievers?) aus dem Stadion mit einem Raketenrucksack abhob und an bis heute unbekannter Stelle (dem Hausdach??) landete. Was damals wie alberne Technik-Folklore aussah, war für manche die Zukunft der Mobilität – der Raketenrucksack sollte einmal das Moped der Lüfte werden. Dabei war die Idee noch älter als Karlssons Propeller: Bereits die Nazis sollen an einem Raketenrucksack geschraubt haben, aber erst 1952 gelang es einem US-Amerikaner, für zwei Sekunden mit dem Fluggerät abzuheben. Die „American Rocket Belt Corporation" wollte das Fluggerät in den Neunzigern gar einmal zur Serienreife prügeln. Doch man hatte das Marktpotenzial maßlos überschätzt und legte eine Millionenpleite hin. Bis auf Weiteres müssen wir uns deshalb merken, wie in Lettland eine Person heißt, die in öffentlichen Verkehrsmitteln zwischen anderen Mitreisenden eingeklemmt ist und (vielleicht) von einem Raketenrucksack träumt:

KAAPSHLJMURSLIS.

Sitzt du noch, oder liegst du schon?

Tatort Öfis: Wer mit Bus und Bahn unterwegs ist, weiß um die Tücken der zwischenmenschlichen Nahkampfzone. Ob Döneresser, Lauttelefonierer, Besuffskis, Minderdeodorierte oder pubertierende Jungspunde: Das Nutzen der öffentlichen Verkehrsmittel mag Umwelt und Portemonnaie schonen, ist aber nichts für schwache Nerven. Neben den genannten Phänotypen gibt es noch zwei weitere Verhaltensauffälligkeiten, für die es im Deutschen bisher noch keine Begriffe gibt.

„Manspreading" in perfekter Ausführung: Zwischen die gespreizten Beine passt locker ein ganzer Bierkasten.

Manspreading

Hierunter versteht man die Angewohnheit einiger Männer, im öffentlichen Raum und hierbei insbesondere in Verkehrsmitteln mit gespreizter Beinhaltung (von *to spread* = spreizen) zu sitzen. Diese Sitzart, so der Vorwurf, würde unnötig viel Platz einnehmen. Das Feministen-Magazin EMMA geht in der Kritik noch weiter und sieht in dem Beinspreizen neben dem unangebrachten Territorialanspruch auch eine ebenfalls unangebrachte sexistische Komponente. In einigen Ländern geht man von offizieller Seite gegen das Manspreading vor. So laufen in den USA in verschiedenen Städten (z.B. New York, Chicago, Washington D.C., Philadelphia) offizielle Kampagnen, bei denen mit Hilfe von Schildern und Anzeigen auf die korrekte Sitzweise hingewiesen wird. In Madrid ist das Manspreading in Omnibussen seit 2017 sogar offiziell verboten. Nach Protesten der feministischen Gruppe *Microrrelatos Feministas* wird die breitbeinige Sitzposition offiziell als Eingriff in die Freiheit des Sitznachbarn gewertet und in diesem Zuge unter Strafe gestellt.

Muchachos! In der U-Bahn von Madrid ist Taschendiebstahl genauso verboten wie „Manspreading".

She-Bagging

Doch nicht nur Männer können mit ihrer speziellen Sitzart den zur Verfügung stehenden Platz unnötig reduzieren. Auch Frauen haben eine Marotte entwickelt, die im Englischen unter dem Namen *She-Bagging* bekannt ist. Diese Verhaltensweise bezeichnet das Platzieren von Hand- und Einkaufstaschen auf einem Sitzplatz, welches insbesondere bei Männern auf wenig Gegenliebe stößt. Vorschlag zur Güte: Manspreading und She-Bagging sind zwei Verhaltensweisen, die im Sinne des Schlüssel-Schloss-Prinzips hervorragend zueinander passen! Wenn sich die Geschlechter nebeneinandersetzen und die Frauen ihre Taschen zwischen den Beinen der Männer platzieren, ist der Platz bestens genutzt, und alle sind zufrieden.

Meine Tasche, mein Revier: Eine wohlgefüllte Handtasche ist häufig „das zweite Ich" einer Frau – und das hat dann auch Anspruch auf einen Sitzplatz!

Eierholen 4
Branes 7
Noggar'n 18
Solør-Odalvegen

#HÄ_02

„Eier, wir brauchen Eier!"

Gesehen in Norwegen

Tschechische Mobilfunkbetreiber hören dieses Wort äußerst ungerne:

PROZVONIT

bedeutet auf Tschechisch, jemanden anzurufen, einmal klingeln zu lassen, um dem Angerufenen zu signalisieren, dass er doch bitteschön einmal zurückrufen möge. Eigentlich eine Form telekommunikativer Nötigung, die in Deutschand eine bekannte, aber (noch) namenlose Übung ist.

Im Internet ist nicht immer alles so, wie es scheint. Pseudonyme, Fakenamen und sogar ganze Pseudoidentitäten sind an der Tagesordnung. Wer kann sich schon sicher sein, ob hinter CrazyPaula98 nun eine junge Frau mit Flausen im Kopf oder vielleicht doch eine verrückte Internetoma steckt? Für eine ganz spezielle Spezies von Scheinidentitäten gibt es im Japanischen das Wort

NEKAMA.

Es steht für männliche Online-Gamer, die sich bei Multiplayerspielen weibliche Charaktere zulegen.

Aus heutiger Sicht erscheint uns die Art und Weise, wie man sich früher verabredet hat, höchst wundersam. Wobei mit früher in diesem Fall die Zeit vor Erfindung des Handys gemeint ist. Wenn man sich damals verabredete, sagte man einfache Sätze wie „Du, lass uns nächsten Donnerstag sagen. Um drei Uhr vor der Leihbücherei". Dann wartete man bis zum nächsten Donnerstag, setzte sich gegen 14:30 Uhr auf sein Fahrrad und radelte zur Leihbücherei. Man kam pünktlich an, wartete gegebenenfalls ein paar Minuten (in welchen man weder seinen Verabredungspartner anrief noch im Internet surfte noch auf Facebook oder Instagram oder sonstwo nachschaute, was die anderen gerade so machen), und dann kam auch schon derjenige, mit dem man sich verabredet hatte. Einfach so. Wenn man sich heute mit jemandem verabredet, gehen dem Treffen mindestens drei Rücksprachen, zwei WhatsApps („Bin jetzt los" – „Klasse, bis gleich") und eine E-Mail („Wo wollten wir uns noch mal treffen?") voraus, um sich dann irgendwo zu treffen, um irgendwas zu machen („Lass mal auf der Schanze treffen und da was essen gehen oder so" – „Geile Idee, so machen wir es. Wann wollen wir uns treffen?" – „Ach, ich sag mal um acht oder so. Du, ich schick dir ne Nachricht, wenn ich im Bus sitze" – „Ok, cool, und dann gucken wir, wo wir hingehen. Ich bin vielleicht schon ein bisschen früher da und guck noch mal in einem Fahrradladen vorbei, ruf doch einfach durch, wenn du da bist, und dann komm ich").

Insgesamt ist das mit dem Verabreden in den modernen Zeiten viel unverbindlicher geworden. Im permanenten Terminoptimierungswahn werden heutzutage ständig Pläne über den Haufen geworfen, sodass klare Abreden nahezu unmöglich erscheinen. Wer weiß schon, was er am nächsten Tag machen wird, und wer bitte besitzt die Weitsicht, sich heute schon festlegen zu können, was er morgen essen will? Hoch lebe die Flexibilität: Alles ist unverbindlich, und kaum einer traut sich in Zeiten von „Save the date"-Vorab-Einladungen einer Verabredung fest zuzusagen (wobei Save the Date-Einladungen ein weiterer Beleg der schwindenden Verabredungskultur darstellen: Der Einladende weiß noch nicht so genau, was er wo mit den Eingeladenen machen möchte und schickt daher einfach mal einen Termin herum, den sich die anderen bitte vorsorglich freihalten mögen – „weitere Infos folgen!"). In diesen modernen Zeiten, in denen Unverbindlichkeit über allem steht, gibt es die unterschiedlichsten Schattierungen von Verabredungen von *völlig offen* („Lass uns das mal im Auge behalten und dann telefonieren wir noch mal") über *vage* („also ich würde mich freuen, wenn es klappt, wir gucken mal ...") bis hin zu *halbwegs sicher* („hab gerade in den Kalender geschaut, sieht bis jetzt ganz gut aus"). Die Engländer haben für derartige Verabredungen das Verb

TO PENCIL IN

in Gebrauch, was so viel bedeutet, wie eine Verabredung mit dem Bleistift in den Kalender einzutragen. Das Verb ist sehr praktisch und dient dazu, dem Verabredungspartner zu verdeutlichen, wie verbindlich man die Absprache einschätzt. Wenn jemand beispielsweise am Telefon gegenüber seinem Gesprächspartner anmerkt, dass er sich die Verabredung soeben mit dem Bleistift eingetragen habe (in Wirklichkeit hat er auf seinem Smartphone eine Notiz in seine Kalender-App gemacht), so weiß man, dass die Verabredung keineswegs verlässlich ist und der Eintrag jederzeit wegradiert werden kann.

Alibaba.com
Global trade starts here.™

Herkunft   alle ⌄
Lieferung nach alle

Produkte ⌄   Geben Sie die Stichworter ein.   🔍 Suche

Crab feet

FAAK Monster Butt Plug Sexuellen Biergartenpartei Tier Porn Krabben

Shen

1 S

#HÄ_03

Manchmal weiß man es einfach nicht. Was genau macht man wohl mit der Krabbenschere? Wofür steht FAAK? Welche Rolle spielt eigentlich die Biergartenpartei bei der ganzen Sache? Wird Sie womöglich von einer Gruppe Porno-Krabben erpresst?

Gesehen bei alibaba.com

Hätte es die alten Sumerer nicht gegeben, man hätte sie erfinden müssen. Schon wegen der ganzen Erfindungen, die sie gemacht haben. Dem blitzgescheiten Völkchen aus dem Zweistromland verdanken wir die Schrift, das Rad, das Bier. Die sumerische Mathematik hantierte mit komplizierten Multiplikationstabellen, man philosofierte über Geometrie, Algebra, Astronomie, die Sumerer erfanden den Pflug, die künstliche Bewässerung und – den Furzwitz. Kein Witz. Der Witz geht so:

„Was ist seit Urzeiten noch nie geschehen? Eine junge Frau sitzt auf dem Schoß ihres Mannes und pupst nicht."

Furzlangweilig? Für heutige Synapsen ja, für die damalige Zeit (rund 2.000 Jahre vor Christus) ein echter Brüller. Witzforscher einer englischen Universität wollen sogar herausgefunden haben, dass dieser antike Schenkelklopfer der älteste Witz der Welt ist. Zumindest der älteste, der schriftlich überliefert wurde (auch die englischen Witzexperten können nicht ausschließen, dass der eine oder andere Furzwitz bereits mündlich kursierte). Sicher ist jedoch, dass es ein Wort dafür gibt, dass das Lachen über einen peinlichen oder mäßig witzigen Witz beschreibt:

JAYUS.

Erstaunlich ist dabei, dass der Begriff nicht von den Sumerern, sondern auf Indonesien erfunden wurde.

Der Mensch wartet in seinem Leben rund 2,5 Jahre. Auf den Weltuntergang, auf Godot oder einfach nur auf einen Termin für die Wurzelbehandlung – im Wartezimmer, Wartesemester, in der Warteschleife oder Warteschlange ist immer was los. Wichtig: Man kann auf ganz unterschiedliche Art und Weise warten.

1. Warten auf ein Ereignis, von dem man weiß, WANN es eintritt. Zum Beispiel die nächste Erdumrundung des Halleyschen Kometen. (Halten Sie sich den 28. Juli 2061 schon mal frei!)

2. Warten auf ein Ereignis, von dem man weiß, DASS es eintritt, nur nicht genau wann. Zum Beispiel die Ankunft eines „Technikers" der Deutschen Telekom.

3. Warten auf ein Ereignis, von dem man nicht genau weiß, OB ES ÜBERHAUPT IRGENDWANN MAL EINTRITT. Zum Beispiel die Fertigstellung des Berliner Flughafens. (Hauptsache nicht am 28. Juli 2061. Da kommt doch schon der Komet!)

Eine besondere Form des Wartens (im Sinne von Warteform Nr. 2) haben die Inuit mit einem eigenen Wort bedacht.

IKTSUARPOK

beschreibt das sehnsüchtige Warten auf die Ankunft einer Person verbunden mit dem wiederholten Vor-die-Tür-Gehen, um zu schauen, ob der Besucher nicht endlich da ist. Vermutlich freute man sich in den kalten Weiten der Arktis noch mehr über Besuch als hierzulande. Dass man in Erwartung einer Person durch die eigenen Räume tigert wie ein hospitalistisches Zootier, kennt wohl jeder. Das eigentlich Schlimme an dieser Form des Wartens ist ja nicht die Tätigkeit an sich, sondern nur die Ungewissheit über deren vermutliche Dauer.

Und da die Wartezeit quasi sekündlich beendet sein kann, beginnt man in den seltensten Fällen mit Tätigkeiten von hoher Komplexität und langer Dauer. Was also kann man tun? Wer möchte, kann die Wartezeit beispielsweise dafür nutzen, sich ein paar Wissenshäppchen über die Inuit-Sprache draufzuschaffen, mit denen man den Besuch dann beeindrucken kann:

Inuit-Wartewissen Nr. 1: Für das Internet haben Arktisbewohner das Wort Ikiaqqijjuti. Übersetzt heißt es so viel wie: „Ein Schamane reist durch eine andere Dimension der physischen Welt." Passt!

Inuit-Wartewissen Nr. 2: Man kennt das – während die Frauen auf der Tanzfläche eskalieren, ziehen manche Männer die stille Form der Ekstase vor. Dazu passt das Inuit-Wort asiqtuq: „Mit dem Kopf nicken, während andere tanzen."

Inuit-Wartewissen Nr. 3: Das Speiseeis des Unilever-Konzerns wird in Deutschland unter dem Namen Langnese verkauft, während man in Österreich für die gleichen Produkte den Namen Eskimo gewählt hat – ein Begriff, der von den Inuit allerdings als diskriminierend angesehen wird. Unilever scheint das eigene Image und auch der Speiseeisabsatz bei den indigenen Arktisvölkern allerdings recht egal zu sein, zumindest macht man keine Anstalten, den Namen zu ändern.

Inuit-Wartewissen Nr. 4: Die Behauptung, die Inuit hätten über 100 Begriffe für Schnee, ist so FALSCH wie die Existenz von Bananensaft-Weizenbierschorle. Deshalb zur endgültigen Klarstellung: Selbst im hohen Norden gibt es mehr Speiseeissorten als Begriffe für Schnee. *(Siehe auch Seite 204f.)*

#HÄ_04

Richtig so! Irgendwer muss diesen ruinösen Rabattschlachten, den Rund-um-die-Uhr-Happy-Hours und dem ganzen „Geiz ist geil"-Gerede ja mal eine Ende machen. Das sozialistische Laos ist dabei Vorreiter, wie dieses Geschäft in der Haupstadt Vientiane zeigt. Tipp: Kaufen Sie einfach mal drei Stück und schauen Sie, was passiert …

Gesehen in Laos

In Astrid Lindgrens Roman *Michel aus Lönneberga* verrät Emils Mutter das Geheimnis richtig zubereiteter Köttbullar, die sie wie üblich für das große Dorffest zubereitet. Die Leckerei habe

„LAGOM

stora, lagom runda och lagom bruna" zu sein – also genau so groß, so rund und so braun, wie sie eben sein müssen. Was in Schweden „lagom" ist, das ist „genau richtig", „passend" oder „nicht zu viel und nicht zu wenig" und drückt die Bevorzugung eines gesunden Mittelmaßes aus. Dabei kann auch das Wetter *lagom* warm sein, oder man kann sich *lagom* schnell auf der Autobahn bewegen. Glaubt man einem Wikingermythos, geht das Wort auf ein Trinkhorn zurück, das in einer geselligen Runde herumkreist. Dieses müsse immer genau so viel enthalten, dass es „einmal für die ganze Mannschaft" (*laget om*) ausreiche. Sprich: Jeder müsse einmal davon trinken können.

„Was sind das für Zeiten, wo ein Witz über Möhrchen fast ein Verbrechen ist, weil er ein Schweigen über so viele Untaten einschließt?"

Wann und wo der erste Ostfriesenwitz erzählt wurde, ist nicht mehr festzustellen. Gleiches gilt für Fritzchenwitze, Mantawitze, Radio-Eriwan-Witze, Beamtenwitze, Anti-Witze und alle Formen der Angela-Merkel-Dieter-Bohlen-und-der-Papst-sitzen-in-einem-Flugzeug-Witze. Der erste Nachweis eines Häschenwitzes ist für die Witzforschung hingegen genau datierbar. Er wurde irgendwann zwischen dem 7. und 14. Februar 1976 in Ost-Berlin auf dem „Festival des politischen Liedes" erzählt (es war der Witz mit den Möhrchen). Häschenwitze verbreiteten sich daraufhin in der DDR so schnell wie eine ambitionierte Sommergrippe. Überraschenderweise griff die Staatsführung nicht ein – Häschenwitze fielen nicht unter Humorverbrechen. Zwar hätte man das penetrant vorgetragene „Hattu Möhrchen?" durchaus als Anspielung auf planwirtschaftliche Engpässe in der Möhrchenversorgung verstehen können – doch ein Konterrevolutionär in Hasengestalt? Das war dann selbst den höheren Tieren im Zentralkomitee zu albern.

Nachdem das Häschen samt Witz nur ein Jahr später auch in den Westen rübergemacht hatte, kam von dort allerdings erste Kritik über die ostdeutsche Witzschwemme: Ausgerechnet Didi Hallervorden – damals selbst diverser Humorverbrechen schuldig – meinte, das Ganze sei ja wohl ein „düsteres Kapitel des deutschen Humorniveaus". Ernster zu nehmende Kritik kam von DDR-Oppositionellen. Für diese war der kindische Häschenhype mit dem ewigen „Haddu dies, muddu das" nur ein humoristisches Überdruckventil, das Dampf aus dem Kessel ließ, in welchem man doch eigentlich die Volksseele zum Kochen bringen wollte. Keine echte Systemkritik, sondern nur ein sich unaufhaltsam ausdehnendes Hasenwitze-Universum, dessen Urknall ausgerechnet auf dem „Festival des politischen Liedes" stattgefunden hatte. Diese Veranstaltung galt vielen als Ansammlung musikalisch begabter Speichellecker des DDR-Systems! Die hier aufspielenden Musiker hatten sich der damals weltweiten

HOOTENANNY

Bewegung angeschlossen, sich unter dem Namen „Hootenanny-Club" organisiert und sogenannte Hootenanny-Abende abgehalten, was der Staatsführung letztlich aber doch zu viel Hootenanny wurde – jegliche Anglizismen beäugte man dort sehr misstrauisch. Im vorauseilenden Gehorsam benannte sich die sozialistische Bardengemeinschaft deshalb ganz zwanglos in „Oktoberklub" um, obwohl das Wort Hootenanny auch im sozialistischen Sinne völlig unverdächtig ist und selbst im Englischen keine wirkliche Erklärung des Wortsinns existiert. Heutzutage steht es jedenfalls für ein spontanes Konzertevent mit Folk-Musik, bei dem jeder musizieren darf, der ein Instrument halten und bestenfalls spielen kann – was ja auch aus sozialistischer Sicht ein schöner Gedanke ist. Ursprünglich war das Wort ein umgangssprachlicher Begriff aus dem amerikanischen Westen. Es bezeichnet etwas, für das man eigentlich keine Bezeichnung hat: „Gib mir doch bitte mal das Dings, äh, das Dingsda!" (Gimme that hootenanny!) Doch derartige semantische Unschärfen waren für die Kontrolettis aus der DDR-Staatsführung schon immer ein Greuel, weshalb man auf Nummer sicher ging: Man benannte die Hootenanny-Bewegung einfach offiziell um. Fortan war es die „FDJ-Singebewegung", deren Musiker auf dem „Festival des politischen Liedes" die Republik rockten. Songs wie „Mach doch mal einen Verbesserungsvorschlag" oder „Blumen für die Hausgemeinschaft" klangen dabei zwar eher wie ein schlechter Witz – aber mit denen kannte man sich, Möhrchen sei dank, ja bestens aus.

#HÄ_05

Sympathisch: Robocop wird zu „Robert Cop".

Merkwürdig: Er kümmert sich scheinbar um „The furniture of law enforcement" („Die Möbel der Strafverfolgung"). Wahrscheinlich werden mal wieder jede Menge Leute vermöbelt.

Die Orchidee ist die Mimose unter den Pflanzen. Mal ist es ihr zu nass, mal zu trocken, zu sonnig, zu schattig, zu nährstoffreich, zu nährstoffarm – irgendwas ist immer. Eine botanische Diva, die man häufiger im Blumenladen als in der freien Natur bestaunen kann. Ganz anders der Löwenzahn: Klaglos durchbricht er Asphaltdecken und entwickelt sich danach trotzdem prächtig. Kinder, die sich trotz schwieriger Umstände in Elternhaus, Schule oder Freundeskreis zu sozialverträglichen Mitbürgern entwickeln, nennen die Schweden

MAKROSBARN.

Makros ist der „Löwenzahn", *Barn* bedeutet „Kind". Zusammen: „Löwenzahnkind". Empfindliche Kinder werden hingegen als *orkidebarn* („Orchideenkinder") bezeichnet.

Zu zweit ganz alleine

Dass eine Sprache ausstirbt, weil sie nicht mehr gesprochen wird, ist leider nichts Ungewöhnliches. Dass ein Sprache eigentlich schon ausgestorben ist, obwohl sie noch gesprochen wird – das ist ungewöhnlich, wird aber aus Mexiko so berichtet:

Ayapaneco drohte bei lebendigem Leibe auszusterben. Die indigene Sprache wurde seit Jahrhunderten in Teilen des mexikanischen Bundesstaates Tabasco* gesprochen. Sie überlebte die spanischen Eroberer, Seuchen, Bürgerkriege, Überflutungen und drohte dennoch – wie so viele andere indigene Sprachen – auszusterben. Um das Jahr 2012 waren nur noch zwei Personen übrig, die Ayapaneco fließend sprachen. Ihre Namen: Manuel Segovia und Isidro Velázquez. Ihr Wohnort: das Dorf Ayapa. Ihr Problem: Sie weigerten sich, auch nur ein einziges Wort miteinander zu reden. Der Horror für alle Linguisten, besonders für diejenigen, die sich dem Erhalt von Ayapaneco verschrieben hatten. Wie sollte man ein Wörterbuch erstellen, wenn man keinerlei Dialoge analysieren konnte?

Warum sich Segovia und Velázquez – damals beide schon über 70 Jahre alt – nicht ausstehen konnten, hatte man in dem kleinen Dorf längst vergessen. Man munkelte, die beiden seien sich über die Aussprache von Ayapaneco-Wörtern dermaßen in die Haare gekommen, dass Funkstille herrschte. Sicher ist nur, die beiden hätten miteinander auf Ayapaneco sprechen können, wenn sie nur gewollt hätten. Die Sprache drohte an der Sturheit zweier alter Männer zu verenden, weil sich beide in ihre Schmollecke zurückgezogen hatten. Doch dann kam Vodafone. Der Mobilfunkgigant erkannte das Kitsch- und Kultpotenzial der beiden sprachlosen Mexikaner und setzte seine Werbeagentur auf den Fall an: Man drehte einen Kurzfilm, der davon

Die Soße ist nach dem Bundesstaat benannt – nicht der Bundesstaat nach der Soße.

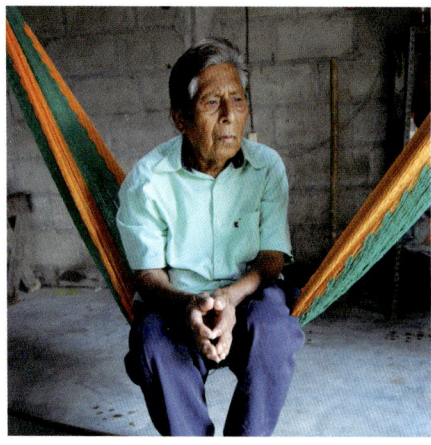

Hatte es die Sprache verschlagen: Manuel Segovia hätte Ayapaneco sprechen können, tat es aber nicht.

erzählt, wie man die beiden sturen Böcke wieder zum (miteinander-) Sprechen brachte und wie man kurzerhand noch eine Sprachschule baute, in der die Kinder des Dorfes von den beiden Männern in der untoten Sprache unterrichtet werden sollten. Schließlich zerrte man noch einen pensionierten Sprachprofessor vor die Kamera, der das alles irgendwie glaubwürdig kommentierte, während im Hintergrund flamencoartige Gitarrenmusik dudelte. Sturköpfe versöhnt, Sprache gerettet, Werbespot im Kasten – eine Geschichte, zu schön, um wahr zu sein. Kritische Geister behaupten, man hätte die beiden Männer fürstlich dafür bezahlt, wieder miteinander zu sprechen. Auch Frauen und Familienmitglieder sollen mit Geld animiert worden sein, so zu tun, als würden sie kein Wort Ayapaneco verstehen (was sie aber mutmaßlich taten). Auch die Schule sei nicht neu gebaut worden, vielmehr hätte man die alte einfach nur übergetüncht, und überhaupt gäbe es ja noch jede Menge andere Sprachen, die man hätte retten können. Immerhin gibt es – trotz oder wegen Vodafone – heutzutage geschätzte 15 Personen, die Ayapaneco sprechen, während andernorts Sprachen kurz vor der Auslöschung stehen. So sollen beispielsweise auf der arktischen Kola-Halbinsel nur noch zwei Menschen „Ter Sami" sprechen. Vodafone – bitte übernehmen Sie!

Feuerland hat sich den Ruf vom „Ende der Welt" schon früh verdient. Als der Seefahrer Ferdinand Magellan 1520 den südlichen Zipfel des amerikanischen Kontinents entdeckte, stieß er auf einen zerklüfteten Irrgarten aus Bergen, Fjorden, Buchten und Untiefen. Der einzige zivilisatorische Nutzen des öden Landes schien zu sein, dass man es durchsegeln konnte (man ersparte sich so das nervtötende Gekreuze um Kap Hoorn, wenn man auf dem Weg in die Südsee war). Heutzutage leben rund 140.000 Menschen in Feuerland, was für eine Fläche von 74.000 Quadratkilometern nicht gerade viel ist und eine Bevölkerungsdichte von zwei Einwohnern pro Quadratkilometer bedeutet (in Deutschland teilen sich 231 Einwohner einen Quadratkilometer). Die Gefahr, sich versehentlich auf die Füße zu treten ist dementsprechend gering, und wer bei der Partnerwahl allzu wählerisch vorgeht, läuft Gefahr, am Ende alleine dazustehen. Vielleicht hängt es hiermit zusammen, dass es in der Sprache der Feuerland-Indianer Yaghan ein Wort gibt, welches als eines der am schwierigsten zu übersetzenden Worte der Welt gilt und es sogar als das prägnanteste Wort ins Guinnessbuch der Rekorde geschafft hat. Das Wort lautet

MAMIHLAPINATAPAI

und bedeutet so viel wie „das Austauschen eines Blickes zwischen zwei Personen, von denen beide hoffen, dass der andere etwas initiiert, was beide begehren, aber keiner bereit ist zu tun."

KAPITEL II

Essen & Trinken

Exportweltmeister Deutschland: Auch auf ausländischen Speisekarten finden sich deutsche Begriffe.

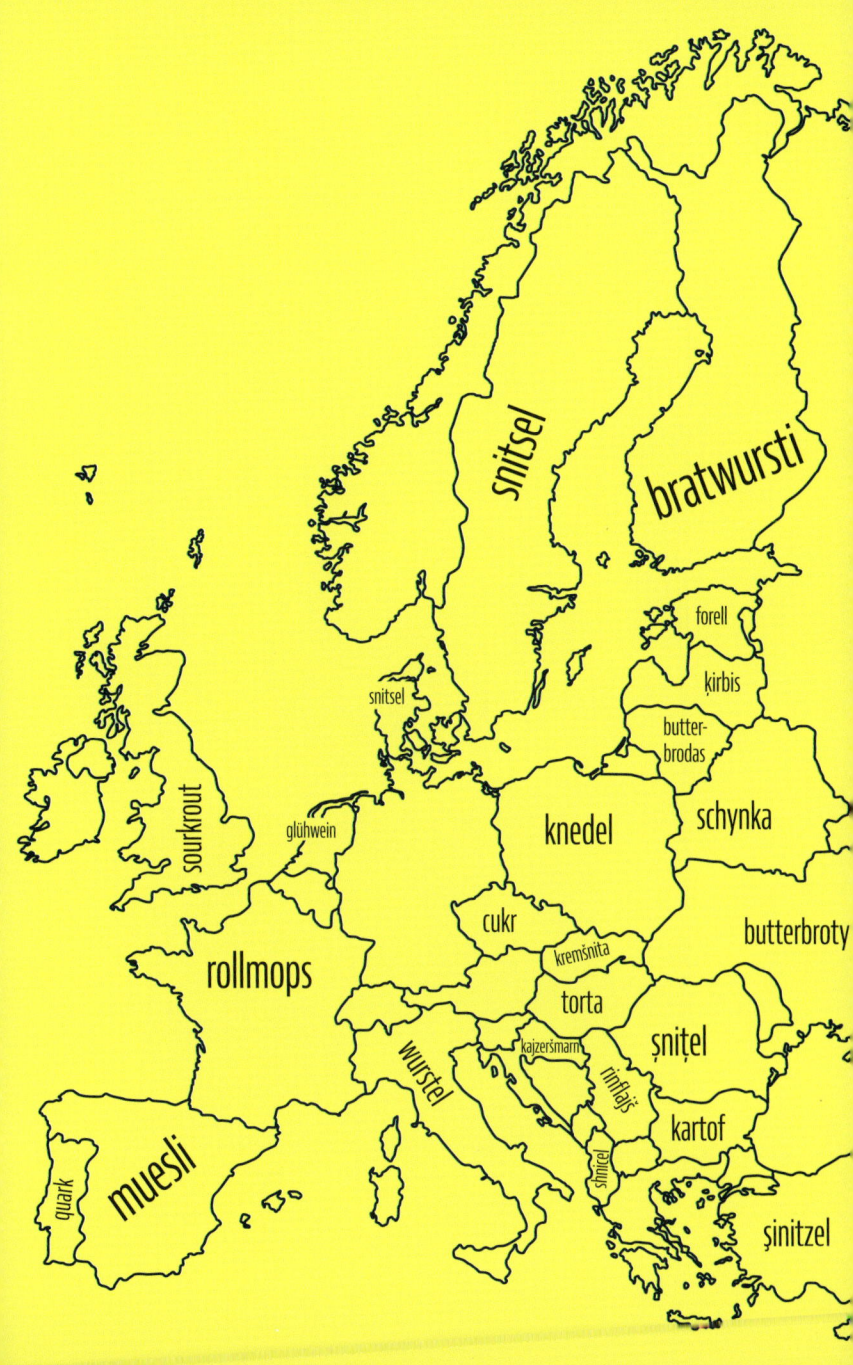

snitsel

bratwursti

forell

kirbis

butter-
brodas

snitsel

schynka

glühwein

knedel

sourkrout

butterbroty

cukr

rollmops

kremšnita

torta

șnițel

wurstel

kajzeršmarn

rimflajš

kartof

quark

muesli

schnizel

șinitzel

UNÜBERSETZBARES WORT #16

„Jetzt komm, wir wollen los!"

„Ja, Schatz, bin gleich bei dir, Augenblick noch!"

„Ich warte! Wie lange brauchst du denn noch?"

„Noch so lange, wie es braucht, um eine Banane zu essen!"

PISANZAPRA.

Malaiisch für: die Zeit, die es braucht,
um eine Banane zu essen.

Es gibt Lebensmittel, bei denen man einfach nicht widerstehen kann. Zum Beispiel Chips. Da kann man ein komplettes Abendessen inklusive Nachtisch absolviert haben – wenn pötzlich eine Tüte Chips auftaucht, wird einfach weitergeknabbert. Manchmal passiert es gar, dass man mehr oder weniger unbewusst die gesamte Tüte Chips aufisst. Im Georgischen gibt es für Situationen wie diese das Wort

SHEMOMECHAMA,

welches übersetzt in etwa so viel bedeutet wie „Ich habe aus Versehen alles aufgegessen, obwohl ich gar keinen Hunger hatte".

Friss csülkös pacal - Igazi régi magyar falusi recept alapján készítettem még apám is megnyalta a tíz ujját utána! Ilyet máshol nem eszel az biztos!

Frische Knöchel Kutteln - Ich habe immer noch mein Vater auf einem echten alten ungarischen Dorf Rezepte basiert leckte sich die Finger nach zehn! Etwas anderes essen Sie sicher!   1690 Ft

Jó apám igazi sürü csülkös bablevese piros fazékból tálalva

Guter Vater echte dicke Knöchel serviert mit einem Topf roter Bohnensuppe   3690 Ft

Hideg libamáj zsírjában - friss kerti zöldségekkel, házi pirítóssal

Kalte Bauernplatte in eigenem Fett   2990 Ft

mit frischem Gemüse

     2990 Ft

#HÄ_06

„Herr Ober! Was können Sie empfehlen?"

„Ein anderes Restaurant!"

Gesehen in Ungarn

FEHLENDES WORT

„Samma, bissu sitt, oder kömma noch einen?"

Wer hungrig ist und sich daraufhin ordentlich den Bauch vollschlägt, der ist danach satt. Doch was ist eigentlich mit dem, der durstig ist und dann einen ordentlichen Schluck aus der Pulle nimmt? Dem Deutschen geht an dieser Stelle die Puste aus – ein Gegenteil von durstig ist schlicht nicht existent. Anders in Schweden: Hier kennt man das Wort otörstig. Man kann sich „undurstig" trinken (dricka sig otörstig) und sich zum Beispiel nach einem größeren Gelage satt und undurstig (mätt och otörstig) zugleich fühlen. Auch in Italien kennt man ein Wort für das Gegenteil von durstig: dissetato. Bei Übersetzungen vom Italienischen ins Deutsche wird dissetato zumeist mit „erfrischt" übersetzt, was jedoch nur bedingt passt. Denn erfrischt ist auch, wer an einem heißen Sommertag ein kühles Bad im Meer nimmt oder ein kaltes Zitroneneis isst.

Die Dudenredaktion hat bereis vor Jahren das Fehlen eines passenden deutschen Äquivalents bemerkt und im Jahr 1999 einen Wettbewerb gestartet, um ein Wort für „sattgetrunken" zu erfinden. Doch auch wenn mehr als 100.000 Teilnehmer mitmachten und insgesamt 45.000 Vorschläge eingereicht wurden, hat sich kein Wort nachhaltig im Sprachgebrauch festsetzen können. Sieger des Wettbewerbs wurde ein Schüler aus Ludwigsburg, der das Wort „sitt" in Anlehnung an „satt" vorgeschlagen hatte. Weitere Einreichungen waren: getränkt, soft, abgefüllt, aquarisiert, hydriert, sattgetrunken, antidurstig, gedurstlöscht, nimedu, dulo, durstlos, fritt, börps, gewässert, gelöscht, burbs, plupp, glucksig, plisch, bezischt.

Wenn es morgens um sechs beim Bäcker „Drei halbe Mett und einen Schwarzen" heißt, dann weiß der geübte Beobachter, dass er mit hoher Wahrscheinlichkeit einen ortsansässigen Handwerker vor sich hat, der gerade dabei ist, seine Morgenverpflegung zu ordern. Der Kaffee und das erste halbe Mettbrötchen werden meist sogleich vor Ort genossen, wobei der Ort in der Regel nicht die Bäckerei selbst, sondern der vor dem Laden geparkte Transporter ist, in welchem das Frühstücksritual mit einer selbst gedrehten Zigarette komplettiert wird. Frisch gestärkt kann es dann an die Arbeit gehen. Am späten Vormittag winkt die Frühstückspause und mit ihr die zwei restlichen Mettbrötchenhälften, die mit ihrem einladenden Zwiebelgeruch bereits aus der Ferne verführerisch auf sich aufmerksam machen. Auch in anderen Ländern wird die Tradition des „zweiten Frühstücks" gepflegt. In Ungarn gibt es ein eigenes Wort für diese Tätigkeit:

TIZORAIZNI.

Ungarisch für: um zehn Uhr ein zweites Frühstück einnehmen. Wörtlich übersetzt heißt es „zehnuhren" (*tiz* = zehn, *ora* = Uhr).

„Und, wie war das Essen?" Eine Frage, die jeder Urlauber über sich ergehen lassen muss. Aber IRGENDWAS ist ja auch immer mit dem Essen: zu wenig, zu viel, zu teuer, zu scharf, zu früh, zu spät, zu Hause doch am besten! Erfahrene Weltenbummler wissen: Die Dichte der kulinarischen Tretminen richtet sich nach der Wahl des Urlaubsortes. Es gibt verhältnismäßig sichere Länder wie Italien (alles essbar, alles schmackhaft) oder England (alles essbar). Asiatische Länder wie Japan halten bei Restaurantbesuchen hingegen einige Herausforderungen bereit. Wie bugsiere ich zum Beispiel mein Essen mit Stäbchen en bloc in Richtung Mundhöhle? Was genau ist das eigentlich für ein Tier auf meinem Teller? Und warum versucht es gerade, sich aus dem Staub zu machen? Ja, es stimmt, in Japan kann es vorkommen, dass nicht alles, was auf dem Teller landet, wirklich mausetot ist. Japaner lieben eben frisches und naturbelassenes Essen. Und sie zahlen teilweise Höchstsummen für besondere Lebensmittel: für einen Fugu (ein Fisch) schon einmal 500 Euro das Kilo oder für eine der seltenen Yubari-Melonen bis zu 12.000 Euro das Stück. Mitunter kommt es vor, dass ein einzelner Fisch zum Preis eines Einfamilienhauses versteigert wird: Im Jahr 2013 wechselte ein Blauflossenthunfisch bei einer Auktion auf dem Tokioter Fischmarkt für 1,4 Millionen Euro den Besitzer. Immerhin: Japaner essen gerne gut und das getreu dem Motto: Koste es, was es wolle! Wenig verwunderlich ist es deshalb, dass es im japanischen Sprachgebrauch ein ganz besonderes Wort gibt:

KUIDAORE.

Japanisch für: sich selbst bankrott essen.

#HÄ_07

Veganer können hoffen: Wenn der Speck nur „verwundet"
ist, dann überlebt das Schwein die Sache vielleicht ja noch.
Wäre auf jeden Fall mal ein Grund, mit lecker Quinoa so richtig auf die Pauke zu hauen!

Gesehen in Spanien

TAPAS Y ENTRANTES

Panceta confitada a baja temperatura con cigala a la plancha y aroma de crustáceos
In verwundetem überzuckerter Speck Temperatur mit auf einer heißen Metallplatte gebratenem Kaiser und Aroma der Krebstiere

8.00 €

Pulpo al whisky, patatas rellenas y emulsión de pimentón de La Vera
Krake im Whisky voller Kartoffeln und Paprikaemulsion on La Vera.

9.50 €

nbal de quinoa
sselpauke von Quinoa

aro de corvina y langostino, camole y aliño japonés
rischer von Adlerfisch und Garnele, camole und japanischer Schmuck.

8.50 €

11.00 €

Wer nachts um drei eine Gruppe Wirkungstrinker nach getaner Arbeit beobachtet, der stellt fest: In freier Wildbahn rottet sich diese Spezies zumeist an Dönerbuden, Pizzaausgabestellen und Burgerbratereien zusammen. Nur selten bestellt man sich in diesen Kreisen einen knackfrischen Rucola-Birnen-Salat oder ein leichtes Dillrisotto. Wieso ist dem so?

Die einfache Antwort: Weil in „Willis Wurstbude" und anderen Futterstellen nun mal kein Rucola-Birnen-Salat zu haben ist. Die richtige Antwort: Der Körper will Natrium. Dieses kann (einige) der Mineralien ersetzen, die zehn Hefe-Weizen zuvor aus dem Körper geschwemmt haben. Vereinfacht gesagt meldet dabei die Niere an das Gehirn: „Hier unten kommt jede Menge Flüssigkeit, aber keine Salze mehr an." Woraufhin das Gehirn Heißhunger nach Deftigem auslöst. Sparfüchse könnten in diesem Fall einfach zur Kochsalzlösung greifen, und der Heißhunger wäre mit rationalen Mitteln gegessen. Doch wenn Alkohol das Hirn vernebelt, dann feiern Vernunft und Verlangen meist auf getrennten Partys. Im schwedischen beschreibt das Wort

FYLLEKÄK

diejenigen Speisen, die man gerne nach einer durchzechten Nacht auf dem Heimweg genießt. Auch der Schwede greift zu weltweit beliebten Mineralquellenklassikern wie Döner und Pizza, bedient sich aber auch landestypischer Spezialitäten, deren Aussprache herrlich bodenständig bullert und bollert: Kroppkrakor, Tunnbrödsrulle, Kanelbullar, Chokladbollar, Raggmunk oder Spettekaka. Alleine die Vorstellung des Verzehrs von vier Koppkrakor (wie ist da eigentlich der Plural, und war das nicht mal eine Metal-Band??) erzeugt eine herrliche Bettschwere.

Wörter auf Wanderschaft

Wer sich als Reisender in ein Restaurant begibt, kann so manches Abenteuer erleben. Die in Landessprache dargebotenen Gerichte gleichen mitunter böhmischen Dörfern und lassen oftmals selbst mit viel Fantasie nicht erkennen, um welche Spezialität es sich handelt. Auch wenn viele Restaurants heutzutage mehrsprachige Speisekarten anbieten, kann man sich keineswegs immer sicher sein, was einem da gerade angepriesen wird („Gebratener Kaiser mit Aroma der Krebstiere" oder "echte dicke Knöchel serviert"). Doch manchmal kommt es auch ganz anders, und die Sache zeigt sich viel einfacher als erwartet: Man kann die Orginalspeisekarte in Landessprache verstehen! Hintergrund dieser praktischen Fügung ist weniger die plötzliche Offenbarung eines bisher verborgenen Sprachtalents als vielmehr eine globale Wanderbewegung der Wörter, in diesem Fall der deutschen. Gerade im Bereich des Kulinarischen haben sich im Laufe der Zeit unzählige Begriffe aus dem Deutschen auf Wanderschaft begeben und es sich in anderen Sprachen heimisch gemacht. So kann man heute beispielsweise in den USA problemlos „a bratwurst" oder in Argentinien ein Stück „kuchen" bestellen.

Nicht immer werden bei diesen Germanismen die ursprünglichen Schreibweisen übernommen, was sich zum Beispiel am italienischen Gericht *Wurstel con crauti* (Würstchen mit Sauerkraut) schön zeigt. Auch der *szynka* (Polnisch für Schinken) oder die leckeren *Knedli* (Kroatisch für Knödel) benötigen ein genaueres Hinsehen. Geradezu einfach kommen da die *cartof* (Rumänisch für Kartoffel), das *rinflajš* (Serbisch für Rindfleisch) oder auch die *lebărvurşt* (Rumänisch für Leberwurst) daher. Auf Platz eins der kulinarischen Exportschlager rangiert das gute alte Schnitzel, welches sich in Kroatien als *šnicla*, in Polen als *sznycel*, in Schweden unter dem Namen *Snitsel*, in Bulgarien als *shnitsel* oder in der Türkei als *şnitsel* bestellen lässt. Doch

In den USA zählt „Bratwurst" neben „Blitzkrieg" zu den bekanntesten eingewanderten Wörtern aus Deutschland. Die Bratwurst ist allerdings deutlich beliebter.

nicht nur bei deftigen Gerichten konnte sich das Deutsche in anderen Sprachen einnisten. So legt man in Finnland gern mal eine *kahvipaussi* (Kaffeepause) ein oder gönnt sich in den USA ein schönes Stück *apple strudel* (Apfelstrudel), während sich in Slowenien die *kremšnita* (Cremeschnitte, Kuchen) auf mancher Dessertkarte finden lässt.

Interessant wird es, wenn sich das Gericht hinter den deutschen Wörtern im Laufe der Jahre mit der landestypischen Küche vermischt hat. So gehört zum Beispiel das Wort *butterbroty* (Butterbrot) zu den bekanntesten deutschen Lehnwörtern im Russischen. Wer sich in Russland ein *butterbroty* bestellt, erhält jedoch keine zarte Scheibe mit Butter bestrichenen Brotes. Vielmehr erwartet ihn eine imbissgleich üppig garnierte Schnitte, für die man im Deutschen (in Ermangelung eines eigenen Wortes) Wörter aus anderen Sprachen wie Panino, Sandwich oder Canapé hinzuzieht. Im Unterschied zum schlichten deutschen Butterbrot wird die Brotscheibe in Russland mit allerlei Deftigem wie Kaviar, Käse, Schinken oder Wurst belegt – nur eines ist in der Regel nicht darauf: Butter.

Wenn es irgendwann im Frühjahr warm genug ist, um ein Eis im Freien zu essen, dann weiß jeder deutsche Zeitungsredakteur, was zu tun ist: Auf die Titelseite MUSS Frühlingsstimmung! Dort sehen wir dann meistens ein Bild von zwei jungen Mädchen, die sich einen unanständig großen Eisbecher mit Schirmchen und Schokostreusel teilen. Dazu eine Bildunterschrift, die meist so lautet „Die Schlecker-mäulchen des Tages: Sonja (17) und Jasmin (19) genießen den ersten warmen Tag des Jahres bei einem XXXL-Eisbecher." Auffällig ist, dass immer gut aussehende junge Mädchen abgebildet werden. Niemals liest man: „Die Schleckermäulchen des Tages: Herbert (61) und Gün-ther (59) genießen die ersten Sonnenstrahlen bei einem XXXL-Eis-becher." Ähnliches passiert auch in Norwegen: Was in Deutschland der Eisbecher, ist in Norwegen das

UTEPILS,

das man als „Draußenpils" übersetzen könnte. Immer wenn die ersten Gastwirte Tische und Stühle vor die schneefreien Lokale rücken, be-richten viele Regionalblättchen ganz aufgeregt über den Genuss des ersten Utepils. Dieses ist in Norwegen eben nicht nur ein Getränk, sondern ein wichtiger Markstein im Ablauf von Frühjahr, Sommer, Herbst und Winter: Es läutet den Beginn der „warmen" Jahreszeit ein – die allerdings schon ab 10° Außentemperatur beginnen kann.

Das hat ein Nachspiel!

Das beliebteste Vorurteil über Skandinavien? „Alkohol ist sauteuer, und trotzdem saufen alle wie die Löcher." Ersteres stimmt, Letzteres nicht. Die Vorstellung vom ewig beschwipsten Schweden oder Norweger lässt sich dennoch kaum ausrotten. Bereits den Wikingern sagte man ja ein fröhliches Verhältnis zum Alkohol nach. Schließlich soffen damals selbst die Götter: Obergott Odin saß am stets gedeckten Tisch der Götterhalle von „Walhalla" und pichelte täglich mit den Neuzugängen (wer im Kampf starb, landete direkt bei einem Gelage). Die Realität ist dagegen ernüchternd. Zusammen mit Malta ist Norwegen das Land mit dem geringsten Alkoholkonum im Vergleich aller EU-Länder. Jedes Jahr vertilgen die Nachfahren der Wikinger umgerechnet nur rund 7 Liter reinen Alkohol. Wir Deutschen liegen bei munteren 11 Litern, an der Spitze stehen (oder liegen) die Litauer mit 18 Litern.

Die Wahrheit ist: Norweger trinken in sehr kurzer Zeit sehr schnell sehr viel und sind deshalb die meiste Zeit nüchtern, fast nie halb besoffen und ganz selten (dann aber richtig) betrunken. Das in Deutschland mittlerweile geächtete „Komasaufen" ist zwar in Norwegen nicht unbedingt geschätzt, so richtig abgeneigt zeigt man sich dort aber auch nicht. Auch hier mögen die Wikinger historisches Vorbild sein. Schon zu deren Zeiten galt es als eine grobe Unsportlichkeit, sich als Gast nicht maßlos zu betrinken. Für diesen Trinkzwang in Gruppen haben die Norweger auch heutzutage noch ein Wort: *drikkepress* – Trinkdruck.

Aufgrund der Preisgestaltung von Kneipen, Bars, Restaurants und den staatlichen Abgabestellen für alkoholische Getränke unterscheiden sich die Umstände des Alkoholkonsums in Norwegen von denen in Deutschland. Man trinkt nicht einfach mal so nebenher, sondern verleiht einem Besäufnis durch eine gewisse Ritualisierung beson-

Wer sich in Norwegen alkoholbedingt übergeben muss, der geht „den Elch rufen". Meistens kommt aber keiner.

dere Bedeutung. Kurioserweise werden diese Rituale in Norwegen mit deutschen Begriffen umschrieben. So kennt jeder Norweger das deutsche Wort „Vorspiel" als häusliches „Vorglühen" auf eine angemessene Betriebstemperatur, bevor man sich ins Nachtleben stürzt. Das „Nachspiel" ist der entsprechende Schlussakkord eines Abends, bei dem man erneut in privater Runde den Abend bei einem oder sehr vielen Getränken ausklingen lässt. Tatsächlich glauben viele Norweger, dass man in Deutschland unter Vor- und Nachspiel genau das Gleiche versteht – was zu interessanten Missverständnissen führen kann. Etymologisch ist ungeklärt, warum sich diese beiden Begriffe als bedeutungsgewandelte Lehnwörter nach Norwegen verirrten. Im Zusammenhang mit dem Nachspiel gehen auf jeden Fall viele Norweger „den Elch rufen" (zu deutsch: „Den Jörg rufen") – eine Tätigkeit, bei der man in gebeugter Haltung Platz für weiteren Getränkenachschub macht.

Lust auf ein Käffchen?

Seminar- und workshopgeplagte Arbeitnehmer wissen es längst: Die besten Einfälle kommen beim Quatschen in der Kaffeepause. Nicht umsonst raten Unternehmensberater zu ausgedehnten Unterbrechungen im Arbeitsalltag. Die Schweden haben dieses Prinzip längst zur nationalen Institution erhoben: *Fika* bedeutet, eine Tätigkeit zwecks gemeinsamen Kaffeetrinkens zu unterbrechen, was die Schweden auch ausgiebig tun. Mit jährlich rund 170 Litern pro Person sind sie die weltweit drittgrößten Kaffeekonsumenten.

Das „Büro-Fika" gegen drei Uhr nachmittags ist in vielen schwedischen Unternehmen geradezu heilig: „In der amerikanischen Kultur [...] verbindet man Kaffee mit der Vorstellung, seine Batterien aufzuladen und wieder durchzustarten. In Schweden ist die Kaffeepause ein lang erwarteter Moment, in dem alles still steht und man nur noch genießt", so beschreibt es die Amerikanerin Anna Brones, die mit anderen Autoren ein ganzes Buch über Fika geschrieben hat.

Der Begriff ist seit 1910 aktenkundig und leitet sich vom Wort *kaffi* (Kaffee) ab, bei dem man einfach die Buchstaben in eine neue Reihenfolge brachte. Heuzutage gibt es in Schweden eine ganze Reihe an Wörtern, die durch den Begriff fika geprägt worden sind:

fik	Der Platz für ein fika
fikapaus	Eine Pause machen für ein fika
fikarast	Eine bestimmte Zeit am Tag für fika
fikastund	Der Moment, wenn man fika macht
fikarum	Der Raum – meistens im Büro – für fika
fikaställe	Eine Ort – außerhalb eines Büros – für fika
fikasugen	Das Verlangen, fika zu machen
en kopp fika	Ein Becher Kaffee

#HÄ_08

Ein Hitlereis in Indien?

Wir fordern ein sofortiges Waffelembargo!

Gesehen in Indien

Halb besoffen ist rausgeschmissenes Geld. Ein Satz, der insbesondere in Norwegen gilt. Von Montag bis Freitag liegt man dort mehr oder weniger auf dem Trockenen – insbesondere wegen der unangenehm hohen Preise für Alkohol. Vor allem Jugendliche stürzen sich allerdings am Freitagabend eruptiv in das alkoholgestützte Wochenendvergnügen. Die Norweger bezeichnen diesen Aggregatzustand als

HELGEFYLL.

Norwegisch für:
wochenendbesoffen.

Schlimm: Es gibt keine einzige EU-Verordnung, nach der es verboten ist, Wein aus „geröstetem Rentier" herzustellen! Mal wieder typisch – alles wird in Brüssel geregelt, aber bei der Rentiervergärung herrscht ein rechtsfreier Raum. Dieser Winzer hat ihn gnadenlos ausgenutzt!

Gesehen in Ungarn

...EGYI

...Szőlőnket
...egy régi ha-
...ingborunk
...és reduktív
technológiával, szűrés nélkül érleljük az 1800-as évek-
ben épült földi pincénkben. Mikor kóstolja csukja be
szemét, lássa meg mindazt amelyet szőlőnk látott éré-
se alatt, a nádasból ricsajló madarakat, az erdőszéli
vaddisznók, és fácánok árnyait, a tiszta nyugodt hegy
erejét, a friss párás Balatoni levegőt. Èrzi mindezt?

*Das Gebiet erstreckt sich entlang der Balatonrendes
Pisten, die Frucht des kühlen Balaton dämmert und
heiße Nächte, dank der einzigartigen Temperament
des Plattensees. Unser Rizling-Wein wird aus geröstetem Rentier hergestellt, mit traditioneller und
reduktiver Technik, ohne Filtration, in unserem Bo-
denkeller. Wenn du versuchst, deine Augen zu schließen, sehe, was wir unter unseren Trauben gesehen
haben, aus dem Schilf Reptilienvögel, die Schatten
der Wildschweine und Fasane, die Kraft des reinen
Berges, die frisch feuchte Luft des Balaton. Hast du
Angst vor all dem?*

SPRICHWÖRTER

Saufen wie ein Bürstenmacher

Alkohol löst keine Probleme – Milch aber auch nicht. Der Mensch hat die Pest besiegt, die Pocken ausgerottet und die Achtzigerjahre-Mode überstanden. Nur der Alkohol will nicht weichen. Noch immer erliegt der Mensch der Versuchung und übt sich zu „Saufen wie ein Loch". Mit tierischen Bezeichnungen oder merkwürdigen Berufsgruppen geht man in anderen Ländern ans Werk:

Portugal: Saufen wie ein Schwamm
Ungarn: Saufen wie ein Bürstenmacher
Japan I: Saufen wie ein Wal
Japan II: Saufen wie eine Pythonschlange
Tschechien: Saufen wie ein Regenbogen
Serbien: Saufen wie eine Schlange
Holland: Saufen wie ein Tempelritter

Dass zu viele Köche den Brei verderben, ist klar. Wobei man sich schon fragen darf, warum die deutsche Fassung dieses Sprichwortes ausgerechnet auf „Brei" abzielt. Sind die Deutschen so große Brei-Fans? Eigentlich wären Sauerkraut, Kartoffeln, gegebenenfalls auch Bier als Stereotyp doch weit passender, im Sinne von „Zu viele Brauer verderben das Bier". Andere Länder haben andere Nationalgerichte und dementsprechend auch andere Versionen des Sprichworts:

Niederlande: Zu viele Köche versalzen das Porridge.
Ungarn: Viele Köche verderben die Suppe.
Japan: Ein Schiff mit vielen Kapitänen endet auf dem Riff.
USA: Zu viele Hände verderben den Kuchen.
Tansania: Zu viele Befehle verwirren den Hund.

Der „Mittagstisch" ist in Deutschland meist ein recht knapp bemessenes Zeitfenster. Im Idealfall schlittert das Tellergericht nach fünf Minuten auf den Tisch und in zehn Minuten in den Magen. Gespräche mit Kollegen enden meist nicht mit einer Erkenntnis, sondern mit der Rechnung. Anders in Spanien.

SOBREMESA

bezeichnet die Zeit, die man nach einem Essen gemütlich miteinander verbringt, indem man sich unterhält oder spazieren geht. Man kann natürlich auch fernsehen – die spanische Siesta wird schließlich häufig zu Hause verbracht. Im spanischen Fernsehen gibt es sogar den stehenden Begriff „películas de sobremesa", also Sobremesa-Filme.

Wenn man ein kaltes Glas Bier auf einen Tisch stellt, kondensiert die warme Luft am Glas und bildet hübsche kleine Wassertröpfchen. Wenn man jetzt das Bier trinkt und hierfür das Glas erhebt, hinterlässt es zumeist einen kreisförmigen Rückstand aus Kondenswasser auf dem Tisch. In Italien gibt es für diesen Abdruck das Wort

CULACCINO,

welches sowohl für die Abdrücke von Gläsern als auch von Flaschen verwendet wird. Im Deutschen gibt es für diesen Begriff zwar keine passende Übersetzung, dafür aber Bierdeckel. Diese werden benutzt, um eben jene kondenswasserbedingten Abdrücke zu vermeiden, und heißen kurioserweise Deckel, obwohl sie unter die Gläser gelegt werden.

KAPITEL III

Von Kopf bis Fuß

Körperlich gesehen niest ein Finne nicht anders als ein Grieche. Lautmalerisch sieht das ganz anders aus.

UNÜBERSETZBARES WORT #25

Der Gang zum Friseur ist immer auch ein kleines Abenteuer. Auf die Frage des Barbiers „Wie soll es werden?" kennen Männer in der Regel nur zwei Antworten: „wie immer" oder „kürzer". Ziel ist es, möglichst unfallfrei aus dem Salon zu kommen und hinterher noch einwandfrei identifizierbar zu sein. Frauen zeigen sich bei dem Thema deutlich experimentierfreudiger und nehmen die Frage gern zum Anlass, erst mal ein wenig auszuholen. Doch nicht immer geht die Sache auf, und der Wunsch der naturkrausen Blondine, wie Keira Knightley auszusehen, ist am Ende nur bedingt in Erfüllung gegangen. Für den Fall, dass die Sache richtig schiefgelaufen ist, haben die Japaner ein eigenes Wort:

AGE–OTORI.

Japanisch für:
nach dem Friseurbesuch schlechter
aussehen als vorher.

Wenn es um Volumenbezeichnungen von Flüssigkeiten geht, ist die Lage innerdeutsch einigermaßen klar: Ein Liter besteht aus 1.000 Millilitern; 100 Milliliter nennt man einen Deziliter, und 100 Liter ergeben einen Hektoliter. Wenn man über die Landesgrenze hinausgeht, wird es schnell unübersichtlich. So wird Öl beispielsweise in Barrel gehandelt (1 Barrel entspricht 158,758 Litern), wohingegen eine britische Imperial Gallon 4,546 Liter misst, was wiederum keineswegs der Umrechnungsmenge eines amerikanischen Petrol Gallons entspricht (3,785 Liter). Neben den klar festgelegten Maßeinheiten existieren auch einige weniger präzise Volumenbezeichnungen, allen voran das arabische Wort

GURFA,

welches die Menge an Wasser beschreibt, die sich beim einmaligen Schöpfen mit der Hand aufnehmen lässt.

#HÄ_10

Diese Massage hinterlässt nicht nur ein Loch im Geldbeutel:
Statt wohlfühligem Rumgeknete wird den Verspannungen
hier mit einer traditionellen „Körperbohrung" richtig auf
den Grund gegangen!

Gesehen auf Bali

LI - SPA

BODY BOREHWRAP
E KÖRPERBOHRUNG

45880

30%
DISCOUNT

02. The Healing Hands   60 Min.   USD. 30

...re foot cleanse followed by traditional balinese ...s massage and ended with balinese body borehw...

...ackte Fußreinigung gefolgt von traditioneller balin...chen Chakras-Massage und endete mit balinesisc...körperbohrung.

H.03. Herbal essence massage   60 Min   USD.40

Flower Bath + Srcub 120 Min   USD.60

The application of this essence in massage in intended to believe sore muscles an tired joints, strengthen your body immune system and reactivate energy flow, and make you feel better.

Die Anwendung dieses Essens in der Massage in beabsichtigt, schwere Muskeln zu glauben eine müde Gelenke, stärken Sie Ihr Körper Immunsystem und reaktiveren Energiefluss, und machen Sie sich besser fühlen.

H.04. Traditional Hair Treatment   25 Min   USD.40

Traditonal hair treatment ist typcal Balinese treatment Scalp and hair root massage for drainage, relaxation and skin metabolism, having better blood circulation in the head and relieving head tension.

Traditionelle Haarbehandlung ist balinesische Behandlungskopfhaut und wühlt um die Drainage, Massage für die Entspannung, und den Hautmetabolismus einwurzeln, besser Blutumlauf im Kopf habend und Hauptspannung verringern.

Warum wir schlafen, ist völlig unklar – wissenschaftlich gesehen. Sicher ist nur, wenn wir es nicht tun, werden wir verrückt. Nachdem der amerikanische DJ Peter Tripp einmal nach 201 Stunden ohne Schlaf von einem Arzt untersucht werden sollte, floh er panisch vor dem Mann. Er hielt ihn für einen Leichenbestatter. Halluzinationen sind typische Symptome anhaltenden Schlafentzugs. Unschädlich ist es hingegen, ab und an mal eine Nacht durchzumachen. Im Gegenteil: Der Körper belohnt unsere Ausdauer sogar mit einer erhöhten Ausschüttung an Dopamin, einem Hormon, das aufputschende Wirkung hat. Schlafforschern zufolge ist eine Nacht ohne Schlaf vergleichbar mit dem Zustand, den man mit einem Promille Alkohol im Blut hat. Kraftfahrer befänden sich mit dieser Menge bereits im strafrechtlich relevanten Bereich, Politiker kennen diesen Zustand aus EU-Verhandlungsmarathons, Isländer verwenden dafür das Wort

SVEFNGALSI.

Es beschreibt das Gefühl der aufgekratzten Stimmung durch längeren Schlafentzug. Warum gerade die Isländer ein Wort dafür haben, kann man nur vermuten. Die ewige Helligkeit des Polarsommers schafft zumindest die nötige Beleuchtung fürs Durchmachen, und mit Blick auf die europaweit höchsten Alkoholpreise ist das Wachbleiben eine günstige Rauschalternative.

MODEERSCHEINUNG

Exportschlager Vokuhila

Unter Fußballexperten gibt es zwei Theorien. Die erste besagt, dass wegen übermäßigen Kopfballspiels Fußballer 10 bis 15 Jahre nach Karriereende mit Beeinträchtigungen ihres Denkvermögens rechnen müssen. Die zweite, dass genau dieses bereits während des Spielbetriebs passiert. Wissenschaftlich ist noch nichts bewiesen, Indizien für die zweite Theorie tauchen aber immer mal wieder auf. Wie sonst wäre es zu erklären, dass die Vokuhila-Frisur („Vorne-kurz-hinten-lang") bei Fußballern jahrelang als todschick galt? Diese Form der Nackentapete mit explodiertem Scheitel kann eigentlich niemand bei klarem Verstand als sozialverträgliche Frisur bezeichnen. Anders in den Achtzigerjahren, die für ihre modebewusste Hässlichkeit geradezu berüchtigt waren. Erstaunlich (oder erschreckend): Zwar sahen Rudi Völler, Pierre Littbarski oder Olli Kahn damals aus, als wären sie mit der Heckenschere frisiert worden, ihre Art der Haartracht fand jedoch international Beachtung. Kurios: In vielen Ländern lautet der Begriff für Vokuhila „Deutsches Haar"!

VOKUHILA IN ANDEREN SPRACHEN

SPRACHE	BEGRIFF	BEDEUTUNG
Italienisch	Capelli alla tedesca	Deutsches Haar
Holländisch	Duitse mat	Deutsche Matte
Französisch	Coiffure de footballeur allemand	Frisur des deutschen Fußballspielers
Dänisch	Bundesliga-hår	Bundesliga-Haar
Ungarisch	Bundesliga	Bundesliga

„Guck mal, Trainer, ich war beim Friseur!"– „Olli, den Prozess gewinnst du!"

Stammgäste von Solarien kann man oft schon von Weitem an ihrem grillhähnchenartigen Look erkennen. Für männliche Serienbräuner, die sich neben knuspriger Haut zumeist durch weitere Merkmale wie lange Haare, Goldkettchen oder weit aufgeknöpfte Hemden auszeichnen, gibt es in Italien das Wort

LAMPADATO.

Es leitet sich vom Wort *lampada* (italienisch für Lampe, in diesem Fall die Lampe auf der Sonnenliege) ab.

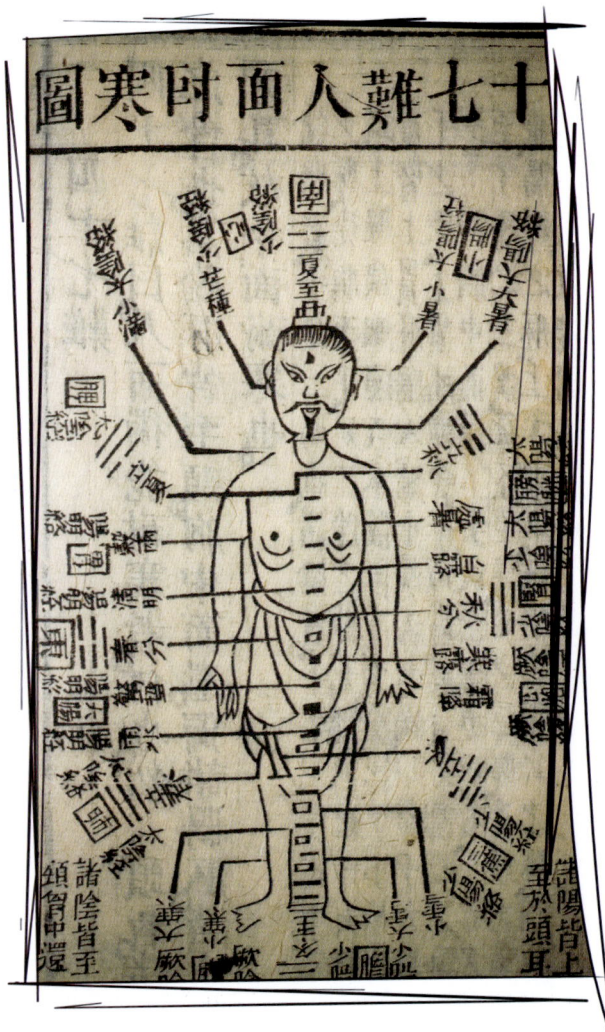

Es gibt Situationen, in denen der Deutsche sagt, wie es ist. Wer beim Einkaufen am Samstagvormittag im komplett überfüllten Supermarkt zufällig einem entfernten Arbeitskollegen begegnet und diesen mit einem freundlich-distanzierten „Hallo, wie geht's?" begrüßt, läuft durchaus Gefahr, anstelle des erhofften „Alles klar, muss ja" eine detailgetreue Wiedergabe des Gesundheitszustandes seines Gegenübers zu erhalten. Ganz anders verhält es sich in England, und so ist es kein Wunder, dass bereits das Erlernen der korrekten Begrüßung eine der schwierigsten Lektionen im Englischunterricht an deutschen Schulen darstellt. Einem Deutschen ist es nahezu unmöglich nachzuvollziehen, dass man auf die Frage „How do you do?" anstelle einer Auskunft gebenden Antwort mit der Gegenfrage „How do you do?" antworten soll. Wer sich mit der pädagogischen Finte „Nicht lang drüber nachdenken, einfach so machen" nicht beikommen lässt, hilft sich am besten mit der kulturpessimistischen Erklärung, dass es den Fragenden in Wirklichkeit überhaupt nicht interessiert, wie es einem geht und dass man deshalb mehr oder weniger sinnentleert, ohne Antwort zu geben, zurückfragt, wie es dem Gegenüber geht. Und natürlich auch hierauf keine Antwort erwarten darf.

Noch extremer als in England geht es in China zu. Bei Fragen nach dem Befinden heißt es hier: Lügen, bis sich die Balken biegen – wobei der Chinese sein Verhalten keineswegs als Lüge, sondern vielmehr als Akt der Höflichkeit empfindet. Es gilt die Maxime des Lächelns – alles ist stets super! Schwäche in der Öffentlichkeit zu zeigen ist verpönt und bedeutet für die Chinesen einen Gesichtsverlust, den es unbedingt zu vermeiden gilt. Natürlich hat auch ein Chinese mal einen schlechten Tag, doch wird man hiervon in aller Regel nie etwas mitbekommen, da nach außen hin stets das Obergutdraufsein kommuniziert wird. Schwäche zu zeigen gilt derart als Tabu, dass sich in China ein Phänomen namens

HUIJI–JIYI

herausgebildet hat, was übersetzt so viel heißt wie „Die Anweisungen eines Arztes nicht befolgen, um in der Öffentlichkeit nicht als krank zu gelten".

Auch in anderen Situationen zeigt sich, wie tief das Wahren des Gesichtes in der chinesischen Kultur verankert ist. Wer als Reisender in Peking jemanden nach dem Weg fragt, wird immer eine Antwort erhalten. Aller Voraussicht nach aber nur selten die richtige. Viel wahrscheinlicher ist es, dass man mit einem freundlichen Lächeln in eine völlig falsche Richtung geschickt wird. Denn auch in dieser Situation verbietet es sich für einen Chinesen zuzugeben, dass er gegebenenfalls keinen blassen Schimmer hat, welcher Weg zum gesuchten Ort führt. Harmonie und Höflichkeit stehen immer über der inhaltlichen Richtigkeit. Und sogar wenn ein Chinese auf die Frage nach dem richtigen Weg mit einem freundlichen Kopfnicken reagiert, muss das nichts heißen. Der Reflex des westlichen Reisenden „Ah, er nickt, er kennt den Weg" führt in die Irre, denn mit dem Nicken wird lediglich suggeriert, dass die Frage interessiert zur Kenntnis genommen wird.

Apotheke Des Ganet Sinai Hotel

Wir helfen bei der losung der schwierigen probleme.

- Scheißerei
- Grimmen
- Kopfschmerzen
- Wunden
- Blutergrusse
- Erkaltungen

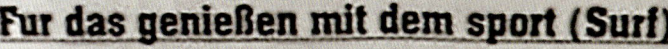

Fur das genießen mit dem sport (Surf)

- Klebstreifen gegen das wasser in verschiedenen langen.

Hier gibt es auch verschiedene Medizinische dienste.

- Maß des wiegens
- Maß des blutdrucks

Fur die frohlichen zeiten

- Echt (V

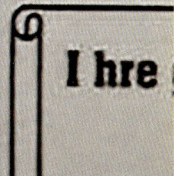

I hre

#HÄ_11

Im Hotel Sinai geht man ganz offen mit den möglichen Folgen verdorbener Speisen um – weshalb die „Scheißerei" auch ganz oben auf diesem „medizinischen Hinweisblatt" steht. Doch hat man die einmal in den Griff bekommen, muss man sich im Urlaub auch wirklich nicht weiter „grimmen".

Gesehen in Ägypten

Haaaaaaaaaaaaaaatschi!

Bis vor Kurzem sahen der Knigge, die Eltern, die Gesellschaft sowie auch die meisten anderen tonangebenden Instanzen es vor, dass man sich als Niesender beim Niesen die Hand vor den Mund hielt, dann abwartete, bis andere Anwesende mit einem wohlwollenden „Gesundheit" hierauf reagierten, um sich anschließend für diesen frommen Wunsch zu bedanken. Irgendjemandem ist dann vor ein paar Jahren mal aufgefallen, dass man sich bei diesem Vorgang herrlich die Viren auf die Hand manövriert, sodass sich diese dann zum Beispiel beim Händeschütteln oder beim Anfassen von Türgriffen wunderbar auf andere Personen übertragen lassen. Eine Zeitlang nieste man daher einfach in den freien Raum, was aber auch nicht optimal war. Heute ist das Niesen in den eigenen Oberarmärmel der letzte Stand der Technik. Dieses hinterlässt zwar mitunter unschöne Muster auf der Kleidung und ist deshalb nicht uneingeschränkt empfehlenswert, dämmt aber gleichzeitig die Verbreitung der Krankheitserreger einigermaßen ein. Ungeachtet der Niestechnik ist man sich hierzulande einig, dass man dem Niesenden möglichst nicht zu nahe kommen möchte. In Japan sieht die Sache anders aus. Hier kann ein Nieser weit mehr als den bloßen Anzug einer Grippe bedeuten. So bringt ein einmaliges Niesen (*ichi home)* ein Lob zum Ausdruck wohingegen ein Doppelnieser (*ni-kuashi*) Kritik bedeutet. Ein dreimaliges Niesen (*san-kenashi*) bedeutet Geringschätzung, und erst wer viermal oder häufiger niest, bringt damit unmissverständlich rüber, dass er sich offensichtlich erkältet hat.

In Deutschland steht neben der Niestechnik an sich auch die adäquate Gegenäußerung zur Diskussion. Denn: Das klassische „Gesundheit"-Wünschen gerät zunehmend aus der Mode. Seit Neuestem empfehlen sogar Benimmwerke, den Niesenden zu ignorieren und auf ein Hatschi nichts zu erwidern. Diese Empfehlung spiegelt weniger die Verrohung der Gesellschaft wider, sondern ist vielmehr historisch begründet. Die Erklärung der neuen Schweigeregelung geht auf das Mittelalter und die Zeiten zurück, als die Pest wütete. Wenn damals jemand nieste, so wünschte man „Gesundheit" – allerdings nicht dem Niesenden, für den es damals oft schon zu spät war. Man wünschte sich die Gesundheit vielmehr für sich selbst und hoffte, sich nicht an der tödlichen Krankheit angesteckt zu haben! Vor diesem egoistischen Hintergrund sieht der moderne Knigge vor, dass man auf ein Niesen am besten nichts entgegnet und die Situation weitestgehend ignoriert. Schwierig wird es, wenn man nicht weiß, ob der Niesende mit den neuesten Knigge-Regeln vertraut ist, oder wenn man im Ausland unterwegs ist. In anderen Ländern antwortet man unterschiedlich auf das Niesen:

LAND	MAN SAGT	BEDEUTUNG
England	God bless you	Gott segne Dich!
Frankreich	À tes souhaits	Auf Deine Wünsche!
Türkei	Çok yaşa	Lebe lang!
Spanien	Jesús!	Jesus!
Ungarn	Egeszsegedre	Auf Deine Gesundheit!
Sierra	Leone biseh	Danke!
Madagaskar	Velona	Lebendig!
Schweden	Prosit!	Prosit!
Polen	Na zdrowie!	Zum Wohl!

Gut zu wissen: In Mexiko gibt es unterschiedliche Wünsche, je nachdem, wie oft geniest wird.

Einmaliges Niesen	> *Salud* („Gesundheit")
Doppelnieser	> *Dinero* („Geld")
Trippelnieser	> *Amor* („Liebe")

Radfahrprofis haben sie am Hals, an den Oberarmen, an den Beinen und da, wo die Socken anfangen. Die Surfer vor Hawaii haben sie nur da, wo die Boardshorts sitzt, und Bikiniträgerinnen hätten am liebsten gar keine: die Streifen auf der Haut, die gebräunte Stellen von ungebräunten trennen. Je kontrastreicher diese Linie ausfällt, desto besser war das Urlaubswetter und desto lauter fällt die „Mann, bist du braun"-Bewunderung der anderen aus. Im Englischen gibt es für diese besondere Zone das Wort

TAN LINE,

welches den Übergang beschreibt, an welchem die Hautfarbe von gebräunt auf ungebräunt wechselt.

AAAAAARSCHBOOOOOMBE!!!!

Die Theorie der Arschbombe geht so: Man verteilt den Impuls des Springers beim Aufschlag auf eine möglichst große Oberfläche, sodass ein Großteil der kinetischen Energie durch Wasserverdrängung abgegeben wird. In der Praxis stolpert halt „der Dicke" (den gibt es in jeder 5-Mann-Freibad-Clique) „vom Zehner" und taucht wenig später mit walrossartiger Eleganz und ohne Badehose wieder auf. Doch auch dieser Freibadspaß hat sich mittlerweile professionalisiert. Kenner unterscheiden zwischen Sprungtechniken wie *Offener Arschbombe, Yogi-Arschbombe, Kartoffel-Arschbombe* oder *Katze* (in den Ausführungen *Schmale Katze* und *Breite Katze*). Und weil es mittlerweile internationale Wettkämpfe gibt, hüpft man unter dem Namen *Splashdiving* um die Wette. Hierbei ist *splash* die englische Variante der lautmalerischen Umschreibungen für einen Arschbombeneinschlag. Weltweit gibt es diesbezüglich erstaunliche Unterschiede:

Plouf! (Frankreich)	*Jebyuurr!* (Indonesien)
Plons! (Holland)	*Bultykh!* (Russland)
Loiskis! (Finnland)	*Cheolpeog!* (Korea)
Csobb! (Ungarn)	*Zabun!* (Japan)
Splash! (England)	*Sulps!* (Estland)

Tipp: Sollten Sie einmal im englischen Sprachraum in einen Pool springen wollen, dann kündigen Sie Ihren Sprung besser nicht mit einem lautstarkem „Ass Bomb!!!" an. Eine Ass Bomb gilt in England als eine besonders laute und übelriechende Form eines „Darmwindes".

#HÄ_12

„Ach du liebe Güte, eine Furzkontrolle? Herr Wachtmeister. Ich schwöre – ich hatte nur EINE Bohnensuppe!"

Gesehen in Schweden

Zugegeben: Kurt Cobain, Jürgen von der Lippe und Parker Lewis (der Coole von der Schule) sind auf den ersten Blick recht unterschiedliche Typen. Dem ist im Großen und Ganzen auch nicht viel entgegenzusetzen, wenn da nur nicht diese eine Gemeinsamkeit wäre, welche die drei Protagonisten eint. Gemeint ist ihr trendsetzender Style, das Hemd (egal ob kariert, in Flanell, betont hässlich hawaiianisch oder achtzigerjahremäßig grell) niemals, wirklich niemals in die Hose zu stecken. Welchen Kultstatus Jürgen von der Lippe in der Karibik genießt, ist weitestgehend unbekannt – bekannt hingegen ist, dass es im karibischen Spanisch das Wort

COTISUELTO

gibt, welches einen Mann beschreibt, der sein Hemd stets über der Hose trägt.

WYSOCE ZJADLIWA
GRYPA PTAKÓW
ŚLUZA DEZYNFEKCYJNA

BESONDERS
ANSTECKUNGSFÄHIGE
DESINFIZIERUNGSSCHLEUSE

#HÄ_13

Regel Nummer 1 bei Epidemien: Ein weißer Einwegschutzanzug verleiht seinem Träger eine natürliche Autorität und schafft Vertrauen bei allen Beteiligten.

Regel Nummer 2 bei Epidemien: Eine „besonders ansteckungsfähige Desinfizierungsschleuse" schafft das irgendwie nicht – Schutzanzug hin, Schutzanzug her.

Gesehen in Polen

„Wer die Kelle hat, hat die Macht" („sillä puheet kenellä kuuppa"), weiß ein finnisches Sprichwort. Gemeint ist weder die Suppenkelle noch der Eishockeyschläger, sondern vielmehr die Saunakelle. Denn eines mögen die Finnen gar nicht: wenn es in der Sauna zu trocken wird. Als Gegenmittel wird Bier getrunken (ist in Finnland in der Saunakabine durchaus üblich) und mit Aufgüssen gearbeitet. Kippt man mit der Saunakelle Wasser auf die heißen Ofensteine, verdampft dieses in Sekundenschnelle und lässt die gefühlte Temperatur bis an die Schmerzensgrenze – und je nach vorherigem Biergenuss auch gern mal darüber hinaus – steigen. Derjenige, der die Kelle führt, ist gleichermaßen Heilsbringer und Peiniger, der seine Mitschwitzer mit sportlichem Ehrgeiz bis an die Leidensgrenze treibt. In Estland gibt es für diese wichtige Funktion das Wort

LEILIVISKAJA,

was übersetzt so viel bedeutet wie „die Person, die Saunadampf erzeugt, indem sie Wasser auf die heißen Steine des Ofens kippt".

Wer sich bei seinen Arbeitskollegen so richtig beliebt machen will, der ätzt ihnen an einem Freitag um 16.30 Uhr einen Termin in den Kalender. Eine kapitale Unhöflichkeit, denn in vielen deutschen Büros gilt: *Ab eins macht jeder seins!* In Japan hingegen ist der Freitag ein ganz normaler Arbeitstag – erst in jüngster Zeit versucht man, japanische Arbeitnehmer zum früheren Gehen zu bewegen. Es gibt sogar eine staatlich unterstütze Kampagne mit dem Namen „Super-Freitag". Ihr Ziel: Feierabend schon um 15.00 Uhr! Ein ambitioniertes Unterfangen, schließlich schuften viele völlig freiwillig bis zur Erschöpfung. Im Durchschnitt arbeiten Japaner jährlich 1371 Stunden mehr als deutsche Arbeitnehmer; von 33 Tagen bezahltem Urlaub werden durchschnittlich nur acht Tage verbraucht. Die Freizeit- und Feierabendverweigerung geht so weit, dass manche Firmen um 22 Uhr einfach das Licht ausschalten, um ihre arbeitswütigen Angestellten nach Hause zu schicken. Wenig verwunderlich ist es, dass jeder Japaner das Wort

KAROSHI

kennt: Der „Tod durch Überarbeitung", dem in Japan jedes Jahr viele Arbeitnehmer zum Opfer fallen.

KAPITEL IV

Sinne & Synapsen

Hör mal, wer da denkt: Wenn man sich am Kopf kratzt, obwohl nichts juckt, dann folgt zumeist ein Hmmmmm. Die anderen Nationen kratzen sich auch, es klingt bloß anders.

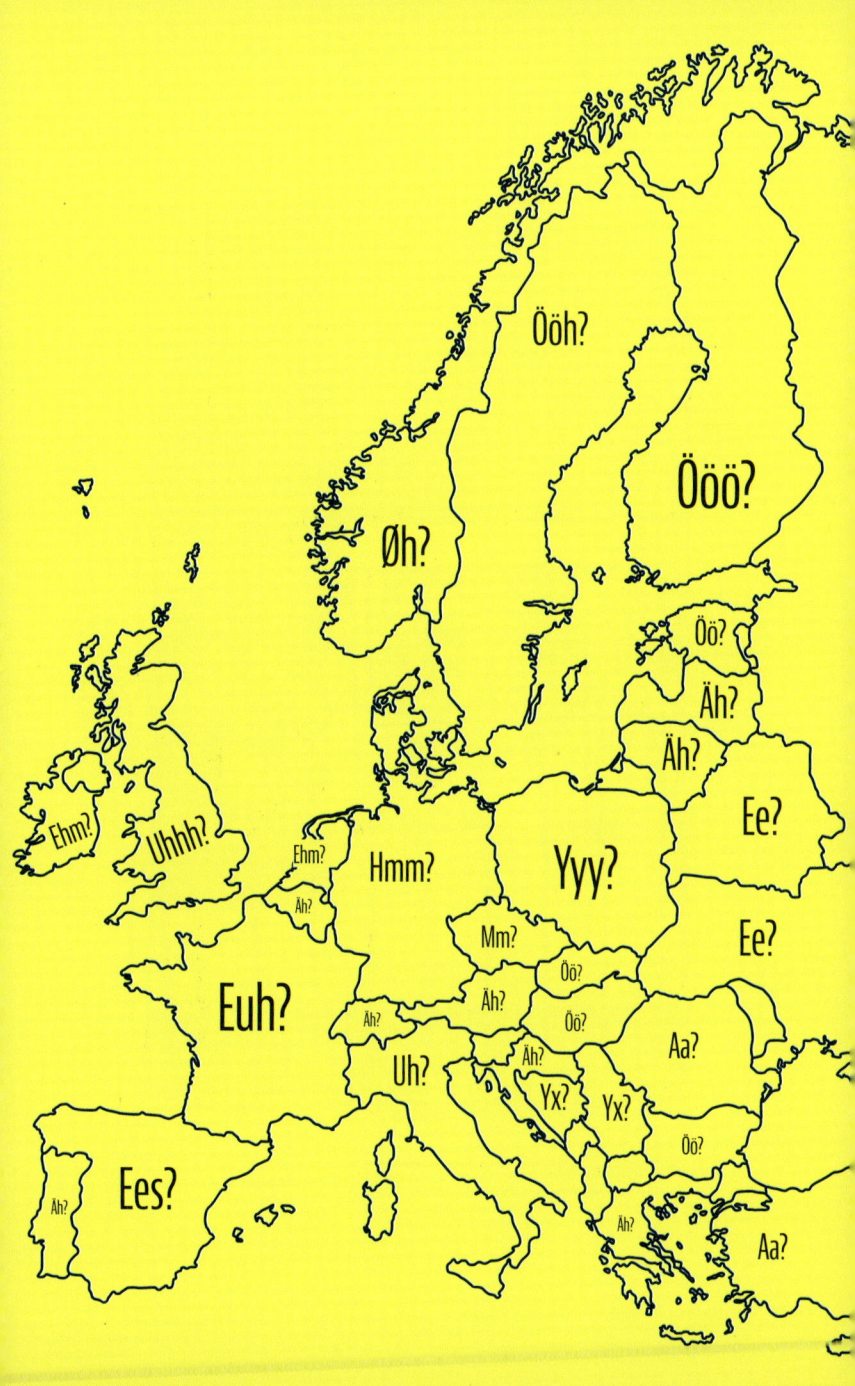

Die Befindlichkeiten eines Landes und seiner Menschen bestimmen auch ihre sprachlichen Schätze – die skandinavischen Länder sind dafür ein gutes Beispiel. Die große Bedeutung des Alkoholgenusses (sowohl in seinen erstrebens- als auch verachtenswerten Formen) führte in den nordischen Ländern zu zahlreichen sprachlichen Spezialitäten. Das dänische Wort

ØLFRYGT

beschreibt zum Beispiel die Angst, kein Bier mehr zu haben und plötzlich auf dem Trockenen zu sitzen. (Eine berechtigte Angst: In Skandinavien NACH Mitternacht und womöglich AM WOCHENENDE ein Dosenbier zu kaufen ist an manchen Orten ungefähr so schwierig, wie ein Kilogramm waffenfähiges Plutonium zu erstehen.)

SEHSCHWÄCHE
Warum ist der Himmel blün?

Rein physikalisch ist die Sache klar: Stehen wir – nur mal als Beispiel – Kermit dem Frosch gegenüber, trifft grünes Licht unser Auge. Alles, was im Lichtbereich mit einer Wellenlänge von 520 bis 565 Nanometer unterwegs ist, bezeichnen wir als „grün". Gesellt sich das Krümelmonster hinzu, sehen wir blau – eine Farbe, die mit einer Wellenlänge von 460 bis 480 Nanometer auf unsere Netzhaut trifft. Das Erstaunliche: Trotz des offensichtlichen Unterschieds zwischen Kermit dem Frosch und dem Krümelmonster gibt es Sprachen, die für blau und grün nur einziges Wort kennen. Diese „blünen" Sprachen finden sich meist in den Tropen, oder zumindest nimmt die Neigung Richtung Äquator zu, Kermit und Krümel in einen Farbtopf zu werfen. Die Frage ist: warum?

Forscher vermuten, dass die starken UV-Strahlen der Tropensonne dem Sehorgan zusetzen, das mit der Zeit immer weniger blaues Licht erkennen kann. Ein Prozess, der auch in nicht-tropischen Ländern zu beobachten ist, dort aber wesentlich langsamer abläuft. Zur Beweisführung wurde bei rund 200 Sprachen weltweit untersucht, wie man es mit dem Grün und Blau so sieht. Das Ergebnis: Je höher die UV-Einstrahlung, desto höher ist die Chance, auf eine blüne Sprache zu treffen. Was wiederum nicht bedeutet, dass blüne Sprachbenutzer automatisch einen Augenschaden haben. Sprachforscher vertreten die These, dass auch eine Minderheit an „Geschädigten" die Sprache der Mehrheit beeinflussen kann. Nimmt man an, dass nur jeder Vierte eine Farbschwäche hat, kann schon bei jedem zweiten Dialog mindestens einer nicht verstehen, was denn mit „Grün" und „Blau" nun gemeint ist. Die Verwendung von zwei unterschiedlichen Worten führt zu ständigen Missverständnissen und wird deshalb einfach vermieden. Hier mitlesenden Sprachforschern sei allerdings gesagt: Die UV-Theorie ist nur eine der Theorien zur Erklärung des Phäno-

Grün oder blau?

mens, wenn auch eine der schlüssigsten. Risse erfährt das Modell zum Beispiel durch das Walisisch – gesprochen in einem Land, das unverdächtig ist, ein Tropenland zu sein. Für das allgemeine „Grün" verwendet man hier das fast konsonantenfreie Wort „gwyrdd". Für in der Natur vorkommende Grün- und Blautöne gibt es das Wort „glas". Kurios: Mit dem Wort „glas" bezeichnen Waliser sowohl die Farbe des Meeres als auch des Grases. „Glaswellt" ist beispielsweise das walisische Wort für Gras und heißt nichts anderes als „blauer Halm". Welcher UV-Schaden die Waliser dazu brachte, ihr Gras als blau zu bezeichnen, ist unklar. Auf jeden Fall ist es eines der wenigen Länder Europas, in dem grüne Frösche durch blaue Wiesen hüpfen.

Kioske und Supermarktkassen sind für sensible Kleinkinder vermintes Gelände. Der Grund: Schockfotoalarm! Blutig suppende Krebstumore, sezierte Lungenflügel und angegammelte Raucherbeine: Seit auf Zigarettenpackungen Schockfotos aufgedruckt werden müssen, steht jeder Kioskverkäufer vor seinem Tabakregal wie ein Schauspieler in einem Splatterfilm. Viele Eltern fordern bereits die Abschaffung oder zumindest die etwas dezentere Platzierung der Gruselfotos, die ihre Kinder immer wieder betrachten müssen, wenn sie sich eine Packung Erdbeer-Knusper-Puffreis oder ein paar von diesen Brizzl-Ufos kaufen möchten, von dem jetzt alle auf dem Schulhof sprechen.

Vorschlag zur Güte: Man könnte auch andere Produkte mit warnenden Bildern versehen und die Tabakwaren aus der Schusslinie nehmen. Auf Verpackungen von Radioweckern würden sich zum Beispiel Schockfotos von aus dem Schlaf gerissenen Menschen gut machen. Jene zersausten und zerknautschten Fratzen, die morgens in luziden Schockzuständen, mit wirrem Bewusstsein oder schlummertastentastend den Wecker zum Schweigen bringen wollen. Denn Traumforscher sind sich sicher: Wecker sind des Teufels! Weckergeweckte vergessen ihre Träume deutlich häufiger als Menschen, die sanft in den Wachzustand hinüberdämmern. Das ist besonders ärgerlich, wenn man etwas wirklich Wichtiges geträumt hat, das das eigene Schicksal (oder das der Menschheit) beeinflussen könnte. Wem im Traum eine Person erscheint, die einen wichtigen Ratschlag gibt, der trifft einen

NGARONG

– so sagt man auf der Insel Borneo. Also bitte: Wecker in den Müll! Vielleicht treffen Sie im Traum ja Ihren Kioskbesitzer, der Ihnen befiehlt, endlich mit dem Rauchen aufzuhören!

Andere Felder, andere Grashüpfer

Kein Deutscher hat jemals ein Schwein im Beutel gekauft. Zumindest kein ganzes. Zum einen sind Tiere allgemein keine Beutelware (Beuteltiere ausgenommen), zum anderen erscheint ein Beutel als Verpackung für ein Schwein schon allein wegen der Größe und des Gewichtes des Tieres recht unhandlich. Ganz anders hingegen verhält es sich mit Säcken und Katzen. „Du sollst die Katze nicht im Sack kaufen" formuliert ein bekanntes deutsches Sprichwort, welches im Englischen ganz anders lautet: „Don't buy the pig in the poke", zu Deutsch eben „Du sollst das Schwein nicht im Beutel kaufen!" Und damit haben wir den Salat oder wie man auf Denglisch sagt: „And now we have the salad!"

Wer versucht, ein deutsches Sprichwort mittels Spontanübersetzung in einer Fremdsprache zu platzieren, wird mit großer Wahrscheinlichkeit danebengreifen. Denn Sprichwörter und Redewendungen sind hinsichtlich ihrer Metaphern meist national koloriert und verwenden vorzugsweise Tiere, welche im Land der Muttersprache weit verbreitet sind. So gibt es beispielsweise in Ghana unzählige Sprichwörter, die auf Löwen und Elefanten referieren, wohingegen in Deutschland vor allem Hund, Wolf oder Katze beliebte Motive sind. Ein Beispiel: Die Redewendung „Ist die Katze aus dem Haus, tanzen die Mäuse auf dem Tisch" beschreibt, was passiert, wenn der Chef, Lehrer oder eine sonstwie fadenscheinige Autoritätsperson abwesend ist. Das Phänomen ist universell, und so kursieren international die unterschiedlichsten Varianten des Sprichwortes. In Indien heißt es beispielweise „Ist kein Tiger in den Bergen, will der Affe König werden", während man in Kenia die Variante „Ist kein Bulle zugegen, schaut der Ochse nach den Kühen" im Einsatz hat. Auch in Nigeria ist die Situation bekannt, wenngleich die Szenerie hier an den Fluss verlegt wird: „Ist das Krokodil nicht im Fluss, fangen die Frösche an zu spielen."

Praktischerweise kann man die Sprichwörter auch mit fremder Metaphorik gut verstehen – die Synapsen des menschlichen Gehirns sind diesbezüglich topverschaltet. In Sekundenschnelle werden die Situation und der Kommunikationswunsch des Gegenübers erfasst, und augenblicklich ist die exotische Metapher unterbewusst gegen die bekannte Variante ausgetauscht. Wer prüfen möchte, wie fit die eigenen Synapsen in Sachen metaphorischer Umdeutung sind, kann sich an folgenden Sprichwörtern versuchen – die Auflösung mit der deutschen Variante findet sich am Ende des Textes.

1. a Besser die Meise in der Hand als den Kranich im Himmel.
Russisches Sprichwort

b Besser den Spatz in der Hand als die Krähe auf dem Zaun.
Rumänisches Sprichwort

c Besser den Hering auf dem eigenen Tisch als den Hecht auf dem Teller eines anderen.
Dänisches Sprichwort

2. a Man muss den Sand scharren, solange er feucht ist.
Sprichwort aus dem Kongo

b Man muss den Baum biegen, solange er jung ist.
Sprichwort aus Kamerun

3. a Ein Stück Holz macht noch keine Brücke.
Sprichwort aus Kenia

b Ein Baum macht noch keinen Wald.
Sprichwort aus Nigeria

c Ein Stein macht noch keinen Flur.
Sprichwort aus Kamerun

4. a Man soll die Fische nicht zählen, bevor sie im Netz sind.
Chinesisches Sprichwort

b Man soll die Hühner nicht zählen, bevor sie im Sack sind.
Nigerianisches Sprichwort

c Man soll die Küken nicht zählen, bevor sie aus dem Ei sind.
Saudiarabisches Sprichwort

d Man soll das Fell nicht verkaufen, bevor der Bär erlegt ist.
Schwedisches Sprichwort

5. a Wo Zucker ist, da sind auch Ameisen.
Sprichwort aus Malaysia

b Wo Eisen ist, da ist auch Rost.
Sprichwort aus Portugal

c Wo es Regen gibt, da gibt's auch Mücken.
Sprichwort aus Südafrika

Doch auch wenn das wörtliche Übersetzen von Sprichwörtern nur im seltensten Fall aufgeht, muss man darauf nicht verzichten. Nichts bereichert ein Gespräch mehr als eine direkt übersetzte deutsche Redewendung wie zum Beispiel: „Everything has an ending, only the sausage has two" oder auch „Who digs a hole for someone falls self into it"! Und auch wenn der Gesprächspartner in Härtefällen wie diesen seine liebe Mühe haben dürfte, bleibt am Ende die Erkenntnis „Andere Länder, andere Sitten" – oder wie man Indonesien sagt: „Andere Felder, andere Grashüpfer".

Auflösung
1. Besser den Spatz in der Hand als die Taube auf dem Dach.
2. Man soll den Tag nicht vor dem Abend loben.
3. Man muss das Eisen schmieden, solange es heiß ist.
4. Eine Schwalbe macht noch keinen Sommer.
5. Wo gehobelt wird, da fallen Späne.

#HÄ_14

Der Geist von zwei Erkenntnissen umweht diese Zeilen:

1. Irgendwas ist hier wohl verboten.
2. Es gibt Texte, die klingen rückwärts gelesen genauso sinnvoll wie vorwärts. Probieren Sie es ruhig mal aus.

Gesehen auf Sardinien

VERBOTTENE

s

ats
re
and
over
ng,
ng
in
ted
s, all
ties
s of
ying
f all

Einzahlungen Boote, Schuhe etc.., Store Sonnenschirme, Liegestühle und andere Geräte über die Zeit des B a d e n s , Camping, außer in speziell behandelten Tiere führen gesetzt, warfFeuer zu entfachen, die alle Fischfang während der Stunden Schwimmen, Spielen, Müll alle Arten

ма
об
зо
др
с
пла
и
с
о б
жи
оси
все
дея
теч
пла
жи
ос

Wenn Erwachsene erklären sollen, was *Heimat* bedeutet, beginnen sie gerne durch das Paradies der eigenen Kindheitserinnerungen zu streifen. Fast jeder wird sie finden – die Lichtjahre entfernten Momente mit unmöglich auszulöschenden Gerüchen, Geschmäckern und Geschichten: zeitlose Barfußsommer auf heißem Asphalt, Brausepulverspucke in der hohlen Hand, die Nachbarschaft der Kindheit als fantastische Realität aus Piratenschiffen, Indianerzelten und Kamelkarawanen, immer auf der verzweifelten Suche nach Wassereis. Gute Indianer, böse Cowboys, böse Piraten und gute Cowboys, gemeingefährliche Kirschkernspucker allesamt. Die Gefahren lauerten fast überall, sogar im Baumhaus, denn da hausten die Raubritter und bunkerten einen Lakritzschatz. Im kühlen Brombeerbusch eine geheime Raumstation – es piekste zwar ungemein, aber immerhin: Hier war man sicher. Kindheit eben. Und Heimat.

Ein zehnjähriges Kind hingegen wird einem messerscharf erklären können, was sein Lieblingsspielzeug, Lieblingseis, Lieblingsbaum, Lieblingsnachbar ist. Aber Heimat? Was Heimat ist, das bleibt für Kinder bis zu einem gewissen Alter unerklärbar, obwohl es doch die Summe all dessen ist, was man so liebt. Schwer erklärbar bleibt das Wesen der Heimat auch deshalb, weil sie manchmal erst dann zu einem handfesten Gefühl wird, wenn sie sich verändert, wenn man sie einmal verlassen hat und wieder heimgekehrt ist. Und hier kommen die Franzosen ins Spiel, die erst dann ein Wort für Heimatgefühle finden, wenn sie eigentlich gar nicht mehr in ihrer Heimat sind:

DÉPAYSEMENT

beschreibt das Gefühl der „Entlandung" – einer Desorientierung und Verwirrung, wenn man seine Heimat verlassen und den fremden Boden eines anderen Landes unter den Füßen hat.

„Kde se pivo vaří, tam se dobře daří!" lautet ein beliebtes tschechisches Sprichwort. Übersetzt bedeutet dieses „Wo man Bier braut, da lässt sich's gut leben!" und stellt damit eine sehr nachvollziehbare Weisheit dar. Schwieriger wird es bei folgender Fragestellung: Der Braumeister von Prag braut Bier für alle Prager, ausgenommen die, die selbst Bier brauen – wessen Bier trinkt der Braumeister von Prag? Für Fragen wie diese haben die Tschechen das Verb

UMUDROVAT SE

in Gebrauch, welches für die Tätigkeit steht, sich selbst ins Irrenhaus zu philosophieren.

Das verflixte siebte Gebot

Ob Speisekarten oder Gebrauchsanweisungen – vor Übersetzungsfehlern ist nichts und niemand gefeit. Doch es gibt Dinge, bei denen ein kleiner Fehler für Riesenärger sorgen kann – besonders dann, wenn dieser im Buch der Bücher auftaucht: der Bibel. Gottes große Gebrauchsanweisung fürs irdische Bodenpersonal regelt so ziemlich alles, was man auf dem Weg ins Paradies beachten sollte. Und weil das ziemlich viel ist, gibt's für Leseallergiker eine Zusammenfassung in Form von zehn Geboten. Natürlich waren diese auch in der ersten Übersetzung enthalten, die König James I. Anfang des 17. Jahrhunderts für seine englischen Untertanen anfertigen ließ. Viel zu lange hatte man schon mit der calvinistischen „Genfer Bibel" klarkommen müssen, die für den Geschmack des lebensfrohen Königs eine Spur zu puritanisch war. Dumm nur, dass bei der Übersetzung aus dem Jahr 1631 ausgerechnet das siebte Gebot („Du sollst nicht ehebrechen") leicht verändert wurde: „Du sollst ehebrechen" war dort zu lesen. Nicht der einzige Patzer: Wenig später war nicht von Gottes „greatness" die Sprache, sondern von „his great asse". Was heutzutage klingt wie „Gottes großer Arsch" bedeutete damals „großer Esel" (was die Sache nicht wesentlich besser machte).

Rund 1.000 Exemplare kamen damals in Umlauf, von denen heutzutage immer noch einige Exemplare kursieren. Die in Sammlerkreisen „Wicked Bible" (Böse Bibel) genannte Schrift erzielt (trotz oder gerade wegen der lästerlichen Fehler) Sammlerpreise von bis zu 90.000 Dollar.

EEN OUDE BEKENDE GAAT WEER DEEL
UIT MAKEN VAN JE LEVEN
EINE ALTE BEKANNTSCHAFT WIRD WIEDER
BEIL DEINES LEBENS

#HÄ_15

Scharfes Ding: Auch in alten Bekanntschaften
lauert manchmal Gefahr!

Wie kaputt ist das denn?

Wenn die Hose dreckig ist, kommt sie in die Waschmaschine – ist sie aufgetragen und löchrig, dann kommt sie in den Müll. Gemeinhin gilt das Saubere, Heile und Neue als begehrenswert, wohingegen das Dreckige, Brüchige und Alte in die Tonne gehört. Für die Wirtschaft zahlt sich diese Denkweise aus, schließlich gilt es, permanent neue Ware unters Volk zu jubeln. Den Konsumenten kommt dieses Diktat mitunter teuer zu stehen, und so mancher fragt sich insgeheim, ob er den ausgewaschenen Pullover tatsächlich wegwerfen soll („Der ist doch noch gut").

Praktischerweise gibt es eine Lösung für diesen Schlamassel, und wer möchte, kann ab sofort mit bestem Gewissen auf löchrigen Socken in seinem rostigen Auto durchs Leben gehen bzw. fahren. Das Beste daran: Der Trick kostet nicht einen müden Euro, simples Umdenken reicht aus. Man muss einfach nur für sich entscheiden, dass man alte und kaputte Sachen besser findet als neue. Kaputt ist schön! Patina heißt das Zauberwort, und wenn man es im rechten Licht betrachtet, hat der Blick für die Schönheit des Verwaschenen, Verrosteten und Abgestoßenen viel für sich. In Japan gibt es für diese Sichtweise ein eigenes Wort namens *Wabi-Sabi*. Der Begriff steht für die buddhistische Philosophie, das Schöne im Zerfall bzw. im Unperfekten zu sehen. „Wabi" bedeutet so viel, wie sich einsam, elend und verloren fühlen. Ergänzt um das Wort „Sabi" (alt, schäbig und verbraucht sein) entsteht interessanterweise ein positives Wort, welches die Schönheit des natürlichen Alterungsprozesses zum Ausdruck bringt.

Für echte Rostalgiker: Wabi-Sabi lässt Autos in Würde altern.

Eine Frage aus der Hölle: „Und wie war Dein Wochenende?" Die Erkundigungen nach den wochenendlichen Aktivitäten sind ein stetes Ärgernis. Und wenn die Antwort nicht mindestens „Spendensammlung für sexuell desorientierte Delphine", „Big Wave Surfing" oder irgenwas mit „Dadaistischem Wachskerzenziehen" enthält, hat man sich schnell ins gesellschaftliche Abseits geschossen. Dass man sich eigentlich zu Hause in Unterhose auch mal ganz nett allein betrinken kann, will allerdings niemand zugeben – obwohl es ja stimmt. Die Finnen sind da etwas fortschrittlicher und haben dafür sogar ein eigenes Wort:

KALSARIKÄNNIT.

Finnisch für:
Sich allein zu Hause in Unterhosen betrinken.

Wanderers Nachtlied

Stille ist im Pavillon aus Jade
Krähen fliegen stumm
Zu beschneiten Kirschbäumen
im Mondlicht.
Ich sitze
Und weine.

Da soll noch mal einer sagen, dass die Übersetzung von Gedichten in andere Sprachen nicht funktioniert. Geht doch! Das oben stehende Meisterwerk wurde von einer Literaturzeitschrift im Jahre 1911 als Japanisches Nachtlied abgedruckt. Was die Verleger damals übersahen: Es handelt sich bei dem Werk um eine Rückübersetzung von Goethes berühmtem Gedicht *Wanderers Nachtlied*, welches, so erzählt es die Legende, im Jahre 1902 von einem französischen Verehrer ins Japanische übersetzt und kurz darauf aus dem Japanischen zurück ins Deutsche übertragen wurde – „Stille Post"-Effekt inklusive! Zum Vergleich hier noch einmal Goethes Originalfassung, die wirklich nur minimal von der lyrischen japanischen Version abweicht:

Über allen Gipfeln
Ist Ruh'
In allen Wipfeln
Spürest du
Kaum einen Hauch;
Die Vögelein schweigen im Walde.
Warte nur, balde
Ruhest du auch.

Hut ab! Schon Johann Wolfgang von Goethe wusste um die Eleganz ostasiatischer Kopfbedeckungen.

Wäre jeder deutsche Mallorcatourist ein

VACILANDO

– die Insel wäre touristisch am Ende. Vielleicht werden sich Mallorca-Veteranen an das legendäre Bierverbot im September 2000 erinnern. Sieben Tage waren damals die Zapfhähne amtlich angeordnet abgeschaltet. In den riesigen Ballermann-Schankterassen „Bierkönig", „Bamboleo", „Cocos" und „Pancho" lief nichts mehr. Es war die Strafe für zu laute Musik, die viel zu häufig NACH zwölf Uhr noch im Außenbereich plärrte. Anzeigen, Verwarnungen, Bußgelder – nichts hatte etwas gebracht. Das Bierverbot schon. Die Lokale machten (nach Mitternacht) Schluss mit Krachern wie „Ein Korn im Feldbett" oder „Heute fährt die 18 bis nach Istanbul!" Dafür durften die Gäste wieder ganztätig mit Bier sediert werden, damit diese nicht auf dumme Gedanken kamen: nicht auszudenken, wenn sich die nüchterne Kundschaft massenhaft an ambitionierten Ausflügen ins Landesinnere berauscht hätte! Denn schließlich funktioniert Mallorca wie jede andere Ferienregion: Es herrscht ein fein austariertes Verhältnis zwischen Massen- und Individualtourismus. Dabei bleiben die Massentouristen kumuliert unter sich, damit der Individualtourist Raum und Ruhe fürs Individualtouristische hat: sich treiben lassen, der Muße hingeben, das ziellose Reisen wichtiger nehmen als das Erreichen eines Ziels *(wer das tut, ist ein Vacilando!)* und sich natürlich bei einer landestypischen Töpferei landestypisch übers Ohr hauen lassen. Deshalb: Im Sinne aller Beteiligten bleiben bitte alle Touristentypen in Mallorca (und anderswo) dort, wo sie sind. Die Massentouristen sollten bloß nicht auf die Idee kommen, „mal was Interessantes zu machen" und die Individualtouristen womöglich versuchen, „mal so richtig Spaß zu haben". Wo kämen wir denn da hin? Die 18 kann ja nicht jeden Tag bis nach Istanbul fahren – zumindest nicht für alle!

Wenn zum Ende des Winters die Sonne wieder kräftiger wird, zieht es die Menschen nach draußen. Jeder Sonnenstrahl wird begierig aufgenommen und die wohltuende Wärme der Sonne genossen. In Brasilien gibt es in diesem Zusammenhang das Wort

welches das Gefühl jener inneren Trägheit beschreibt, die man nach einem Sonnenbad an einem kalten Tag empfindet. Das Wort leitet sich von quati, dem portugiesischen Namen des Nasenbären, ab. Nasenbären sind in Südamerika weit verbreitet und lieben es, sich ausgiebig in der Sonne aufzuwärmen.

Hey Babe, Lust auf einen Flinkie?

Es gibt Phobien, die weit verbreitet sind, wie zum Beispiel die Arachnaphobie, die Angst vor Spinnen. Dann gibt es Ängste, die für den Außenstehenden recht kurios anmuten, wie zum Beispiel die Anatidaephobie. Diese steht für die Angst, von einer Ente beobachtet zu werden. Wer unter Glucodermaphobie leidet, fürchtet sich vor der Haut, die sich auf einem erkaltenden Kakao oder einer Tasse heißer Milch bildet, und Hypophobiker wiederum fürchten sich sich vor Phobien an sich.

Und dann gibt es noch die Xenoglossophobie – die Angst vor Fremdsprachen. Diese kann mitunter kreative Ausmaße annehmen. Gut sichtbar wird dieses am Beispiel der Stiftung für Deutsche Sprache, die sich dazu verschrieben hat, das Deutsche vor ausländischen Einflüssen zu bewahren. Mit der Aktion „Lebendiges Deutsch" ruft die Vereinigung dazu auf, böse Anglizismen, die sich heimlich in unsere Sprache einschleichen wollen, zu enttarnen und durch deutsche Begriffe zu ersetzen. Die Aktion bringt immer wieder erstaunliche Wörter hervor. So identifizierten die selbst ernannten Sprachwächter beispielsweise den Begriff „Fastfood" als miesen Eindringling und versuchten, ihn durch Begriffe wie „Flinkie" oder „Eilmampf" zu ersetzen. Völlig unverständlich, dass das nicht geklappt hat! Weitere Vorschläge, die sich aus unerklärlichen Gründen ebenfalls nicht durchsetzen konnten:

Airbag	Prallkissen
Brainstorming	Denkrunde
Laptop	Klapprechner
Spam	Mogelpost
Coffee to go	Geh-Kaffee
Event	Hingeher
Call Center	Rufdienst
Beamer	Bildwerfer
No-go-area	Meidezone
Dumping-Preis	Hohnlohn
Chatten	netzplaudern
All you can eat	Essen nach Ermessen
Workshop	Arbeitstreff

Böse Zungen behaupten, Marcel Prousts Roman „Auf der Suche nach der verlorenen Zeit" hätte weniger Leser als Seiten. Tatsächlich sind an dem allegorischen Ultramarathon (4.242 Seiten) schon die austrainiertesten Leseratten gescheitert oder erst gar nicht zum Start angetreten. Manches Buch, das man motiviert aus der Buchhandlung trägt, stellt sich zu Hause eben als literarischer Zwieback heraus: trockenes Zeugs, das sich ewig im Regal hält. Im Gegensatz zum Zwieback ist auch ungelesene Literatur eine intellektuell wirkende Zierde für die eigenen vier Wände. Die Japaner haben für derartige Buchkäufe das Wort:

TSONDOKU.

Japanisch für:
Bücher kaufen, sie dann aber ungelesen
im Regal stehen lassen.

Ich hab die Kartoffel!

In Frankreich gibt es einen schönen Zustand. Der Satz „J'ai la patate" (zu deutsch „Ich habe die Kartoffel") steht dafür, dass jemand mit Elan und Freude bei der Sache ist. Synonym verwenden die Franzosen auch „avoir la banane" (die Banane haben), „avoir la pêche" (den Pfirsich haben) oder auch „avoir la frite" (Pommes haben). Egal, welches Obst in welchem Aggregatzustand herangezogen wird: Alle stehen sie für ein motiviertes und dynamisches Lebensgefühl.

Doch nicht jeder Mensch ist gleichermaßen mit Elan gesegnet, und so mancher fragt sich allmorgendlich, ob das mit dem Aufstehen und zur Arbeit gehen jetzt wirklich schon wieder sein muss. In Japan gibt es das Wort *Ikigai*, was frei übersetzt für das Gefühl steht, etwas zu haben, für das es sich morgens aufzustehen lohnt. In der japanischen Kultur ist diese besondere Art des inneren Antriebs ein wichtiges Element, welches eine langwierige und gründliche Selbsterforschung erfordert. Die Suche nach dem eigenen Ikigai ist ein überaus persönlicher Vorgang, der bei jedem Menschen sehr unterschiedlich verläuft und mitunter Jahre dauern kann. Wer sein Ikigai gefunden hat, empfindet ein Gefühl der Lebensfreude und inneren Zufriedenheit. Eine ganz andere Form der Suche nach dem tieferen Sinn beschreibt das niederländische Wort *niksen*. Es steht für die bewusste Entscheidung, nichts zu tun und offenbart sich in Tätigkeiten wie Aus-dem-Fenster-gucken oder rumsitzen. Es ähnelt in seiner Ausübung dem neudeutschen „chillen" bzw. „abhängen" und stellt in den Niederlanden eine anerkannte Form der Stressbewältigung dar. Wer also morgens mal nicht aus den Federn kommt bzw. gerade keine Kartoffel hat, der kann entweder traditionell Magen-Darm vortäuschen oder sich mittels niksen oder Ikigai an Gegenmaßnahmen versuchen.

Dieser Japaner hat sein Ikigai noch nicht gefunden. Vielleicht ist er aber auch einfach nur müde.

Manche Dinge verlieren ihren Sinn dadurch, dass jeder sie besitzt. Bierkästen zum Beispiel. Besser gesagt, Bierkästen auf Musikfestivals. Klein Gewachsene stellen sich bei Großveranstaltungen ja gerne mal auf einen Bierkasten, um dem Treiben auf der Bühne besser beiwohnen zu können. Würde aber jeder auf die Idee kommen, sich auf einen Bierkasten zu stellen, um besser zu sehen, würde niemand besser sehen. Es braucht also immer die Masse der Untätigen für den Vorteil der Tätigen. Genauso im Straßenverkehr. Der Vorteil des Google-Navis ist, dass es nicht alle benutzen. Schließlich muss es immer Leute geben, die im Stau stehen, damit Google die anderen Leute um ihn herumbugsieren kann. Und dieses Herumbugsieren macht Google mittlerweile dermaßen gut, dass der Eintritt des Bierkasteneffekts nur noch ein Frage der Zeit ist: Irgendwann nutzen ALLE das Google-Navi, wodurch sich der Verkehr bestenfalls gleichmäßig verteilt, aber NIEMAND mehr einen echten Vorteil hat.

Deshalb könnte es sein, dass Google seine App irgendwann kostenpflichtig machen wird. In der Basisversion würden dann beispielsweise nur Staus ab drei Kilometer Länge angezeigt, kürzere einfach verschwiegen. Nur kostenpflichtig kann man dann noch digital optimiert durch die Städte flitzen, während die Geizigen für die nötigen Staus sorgen. Oder ganz verrückt: Man schaltet das Navi einfach aus. Wer sich verirrt, der fragt. Denn was gibt es Spannenderes, als sich in einer fremden Stadt auf die mundartlich vorgetragene Wegbeschreibung eines Ureinwohners zu verlassen? Das einzige Problem: Wegbeschreibungen sind wie die Tagesschau: Am Ende hat man den Anfang bereits wieder vergessen. Das merkwürdige Gefühl, mit verblassender Erinnerung an den richtigen Weg nach einem Ziel zu suchen, kennt jeder aus navigationslosen Zeiten. Die Hawaiianer haben dafür noch heute ein Wort:

AKIHI.

Das Lekkerländchen

„Ach Schätzchen, wo sind denn die Autoschlüsselchen? Ich hol'
grad noch mal ein paar lecker Gürkchen fürs Raclettchen!"

Hand aufs Herzchen: Haben Sie so einen Satz schon einmal von
sich gegeben? Ja? Dann sind Sie entweder frisch verliebt (das gibt
sich!). Oder Holländer (das gibt sich nicht). Tatsächlich wäre ein
derartiger Satz in Holland nichts Ungewöhnliches, schließlich klingt
die niederländische Sprache immer ein bisschen, als hätte sie ein
Grundschüler oder ein Frischverliebter im Koseworttrausch erfunden. Was steckt dahinter? Es sind vor allem zwei Sprachgewohn-
heiten, die zur Verniedlichung und bei uns Deutschen gelegentlich
zu Verwirrung führen:

1. lekker

Merke: Nicht alles was „lekker" ist, ist auch essbar! Lekker funktioniert als Eigenschaftswort (Adjektiv) und als Umstandswort (Ad-
verb) und beschreibt auch Dinge und Gegebenheiten, die im Regel-
fall nichts mit Essen zu tun haben. Ihr Urlaubstag könnte unter völlig korrekter Verwendung dieses Wortes zum Beispiel so verlaufen:
Nach dem Aufwachen nehmen Sie erst mal eine lecker Dusche. Das
lecker Frühstück im Hotel genießen Sie vor allem deshalb, weil Sie
heute lecker nicht arbeiten müssen und bei dem lecker Wetter den
ganzen Tag am Nordseestrand verbringen können. In den Dünen
setzen Sie sich erst mal lecker hin. Herrlich, wie lecker die Sonne auf
Ihre Haut scheint! Und weil Sie so gut gelaunt sind, kaufen Sie dem
freundlichen jungen Mann gleich mal eine seiner lecker Uhren ab,
die er hier am Strand so feilbietet. Abends im Restaurant stellen Sie
aber fest: Da bin ich aber lecker drauf reingefallen. Eine Fälschung!
Egal, auf den Schock erst mal ein lecker Wein, und dann freuen Sie
sich schon auf Ihr lecker Bett. Nur wegen der Uhr wird Ihre Frau bestimmt sagen: Na, da hast du aber mal wieder lecker Mist gebaut!

Lecker: Deutschlands Backprinzessin Nr. 1 hat sich namentlich niederländisch verniedlicht. Aus Doreen Grochowski wurde Enie van de Meiklokjes.

2. Der Diminuitiv

Der Niederländer hat einen unbändigen Drang zur sprachlichen Verkleinerung seiner Wörter. Durch das Anhängen einer einzigen Silbe wie „-tje" verändert sich die Grundstimmung der ganzen Sprache. Dieser Diminuitiv (Verkleinerungsform) kann jedes Wort treffen: Substantiven, Adjektiven, Adverbien, sogar Zählwörtern, Verben und Präpositionen wird etwas Niedliches eingehaucht . Der Holländer fällt einer sprachlichen Tapsigkeit anheim, die ihn selbst beim Aussprechen des reinen Unsinns immer noch sympathisch erscheinen lässt. Ein Mobiltelefon verwandelt sich zum Beispiel in ein „Mobiltje" oder die Cola in „een Colaatje", die Sie „in het zonnetje" (im Sönnchen) trinken können. Oder „tussendoortje" (zwischendurch-chen) doch lieber mal „een kopje koffie med koekje" (Käffchen mit Kekschen) und um „twaalfuurtje" (Zwölf-Ührchen) schon mal „een biertje" (Bierchen) oder „weintje" (Weinchen) und dann gemütlich „een slaapje" (Mittagsschläfchen) oder lieber doch „een ommetje" (Spaziergängchen) – wer jetzt nicht einen Anflug von Babysprache spürt, der möge weiterblättern. Alle anderen bekommen hier noch einen Tipp für den nächsten Hollandurlaub. Falls Sie sich mal über irgendetwas ärgern sollten, dann machen Sie einfach Folgendes: Überlegen Sie sich genau, wie Sie Ihre Kritik möglichst harsch ausdrücken wollen, und verzieren Sie Ihre Ansprache dann mit „lekker" und ausreichend Verniedlichungsformen. Sie werden sehen: Ihr Ärger wird wie weggespült sein. Sagen Sie zum Beispiel im Restaurant: „Ich warte jetzt schon ein geschlagenes Viertelstündchen auf mein lecker Schnitzelchen, ich verlange sofort das Geschäftsführerchen an meinem Tischchen zu sprechen, sonst packen mein Partnerchen und ich unsere Sächchen und verlassen dieses Saftlädchen!" Alles klärchen?

DEUTSCH	NIEDLICH (NIEDERLÄNDISCH)
Schmusen	Knuffelen
Marienkäfer	Lieveheersbeestje
Styropor	Piepschuim („Quietschschaum")
Steinpilz	Eekhoorntjesbrood („Eichhörnchenbrot")
Motorradfahrer	Bromfietser („Brummender Fußgänger")
Screenshot	Knipsel
Tischstaubsauger	Kruimeldief („Krümeldieb")

SPRACHPANSCH
Jil Sander ist die Größte

„Die audience hat das alles von Anfang an auch supported. Der problembewusste Mensch von heute kann diese Sachen, diese refined Qualitäten mit spirit eben auch appreciaten. Allerdings geht unser voice auch auf bestimmte Zielgruppen. Wer Ladyisches will, searcht nicht bei Jil Sander. Man muss Sinn haben für das effortless, das magic meines Stils." (Jil Sander)

Alles clear, die Frau rult. Completely unverständlich: Für die obige Aussage wurde die Modeschöpferin mit dem Negativpreis „Sprachpanscher des Jahres" ausgezeichnet. Der Verein „Deutsche Sprache" vergibt die Auszeichnung seit mehr als 20 Jahren für „besonders bemerkenswerte Fehlleistungen im Umgang mit der deutschen Sprache".

KAPITEL V

Tiere & Tierfreunde

Alles geht – nur Frösche hüpfen! Und sie quaken in Landessprache.

ko ack ack

kurr
kurr

kvekk
kvekk

kvæk-kvæk

kva kva

kva-kva

croak

kwaak

quaak

kum kum

kum-kum

coa
coa

kvå-kvå

Brekeke

kvak kvak

cra cra

kre-kre

kre
kre

croak
croak

koax koax

vrak vrak

Rentiere können so einiges: Sie kommen mit Temperaturen von minus 50 Grad klar, mit bis zu 80 Stundenkilometern entwischt ein gesundes Rentier jedem hungrigem Wolf, und sie machen – typisch skandinavisch – Ernst mit der Gleichberechtigung: Als einzige Hirschart trägt auch das Weibchen ein Geweih. Doch es gibt eine Sache, die die Überlebenskünstler aus dem eisigen Norden nicht können: laufen und gleichzeitig pinkeln. Das wird jeder feststellen, der mit einem Rentierschlitten durch Lappland kutschiert. Irgendwann wird der Paarhufer unvermittelt anhalten und sich erleichtern. Die Strecke, die ein Rentier zwischen zwei Pinkelpausen hinter sich bringt, wird in Finnland als

PORONKUSEMA

bezeichnet. Übersetzt heißt es „Das Pissen des Rentiers" und ist ein altes finnisches Längenmaß (1 Poronkusema = 7,5 Kilometer), das in der Rentierzucht gebräuchlich war. Heutzutage wird es vor allem benutzt, um eine schwer einschätzbare Distanz zu beschreiben.

Die Bambi-Lüge oder die Frage, warum ein Reh kein Hirsch ist.

Wer die Ausmaße der bambischen Fehlübersetzung erkennen möchte, der sollte im Freundeskreis einfach mal folgende Frage platzieren: Was ist eigentlich der Unterschied zwischen Reh und Hirsch? Oder besser noch: Wie nennt man das Weibchen vom Hirsch? In den allermeisten Fällen wird die Antwort lauten, dass der Hirsch das Männchen und das Reh das Weibchen ist. Doch weit gefehlt. Das Weibchen vom Hirsch ist die Hirschkuh, und das Männchen vom Reh ist der Rehbock!

Was noch weniger Leute wissen: Der weit verbreitete Irrglaube geht auf einen bzw. genauer gesagt zwei Übersetzungsfehler zurück! Was war passiert? Am Anfang der Geschichte steht Bambi, das niedliche Rehkitz mit den großen dunklen Augen. Alles begann im Jahr 1923, als der österreich-ungarische Schriftsteller Felix Salten die Geschichte vom niedlichen Rehkitz niederschrieb. 1928 wurde das Buch ins Englische übersetzt und dabei aus dem Rehbock Bambi der Weißwedelhirsch Bambi gemacht. Vermutlicher Grund dieser Anpassung: Da es in Amerika keine Rehe gab und man kein Buch mit einer unbekannten Tierart als Hauptdarsteller publizieren wollte, verwandelte man Bambi kurzhand in einen heimischen Weißwedelhirsch. Eventuell hatte der Übersetzer aber auch einfach keine Ahnung.

Jedenfalls wurde Walt Disney auf die Geschichte aufmerksam, kaufte die Filmrechte und brachte Bambi 1942 in den USA als Zeichentrickfilm heraus. Als der Film dann später ins Deutsche synchronisiert wurde, kam es erneut zu einem folgenschweren Eingriff des Übersetzers. Zwar wurde Bambi (korrekterweise) nicht mehr als Hirschkalb, sondern als Reh bezeichnet, doch (fatalerweise) wurde beim Vater von Bambi seitens des Übersetzers keine Anpassung vorgenommen. Dieser hüpfte weiterhin als Weißwedelhirsch durch die Handlung. Durch diesen Fauxpas wurde das Unmögliche möglich: Ein Hirsch (der Papa) hatte ein Reh (Bambi) zum Kind!

Bis heute hat diese vergurkte Übersetzung zu einer nicht ausrottbaren Fehlannahme geführt: Hirsch und Reh sind wie Mann und Frau und gehören zur gleichen Tierart.

Hatte keinen Bock mehr: Auch der Zeichner dieser Briefmarke machte bei der Bambi-Lüge mit. Das Postwertzeichen zeigt Bambi als Reh, seinen Vater aber als Hirsch!

Stellen Sie sich einmal vor, Tim Mälzer würde vor laufender Kamera empfehlen, sich einfach mal einen Hund in die Pfanne zu hauen – mit der Begründung, dass der beste Freund des Menschen bekanntermaßen eine lange Zeit auf dem Speisezettel der Deutschen stand. Was ja auch stimmt – in Sachsen gab es bis in die Zwanzigerjahre des letzten Jahrhundert zahlreiche Hundeschlachter. Eine derartige Tim & Struppi-Szene spielte sich vor einigen Jahren im italienischen Staatsfernsehen ab. Mit dem kleinem Unterschied, dass der bekannte Fernsehkoch Beppe Bigazzi nicht von der Hunde-Zubereitung schwärmte, sondern Katzen ins Visier genommen hatte. Diese seien bekanntermaßen „eine alte Delikatesse in der Toskana". Im freundlichen Plauderton überraschte er die Fernsehzuschauer mit Ratschlägen zur Zubereitung („gebraten mit Thymian") und Anekdoten über die lange Tradition des Katzenkochens in Italien. Man ahnt es: Die Italiener haben eine pragmatischere Beziehung zu Katzen als wir Deutschen. Während der deutsche „Stubentiger" ein geliebter Bewohner unserer Sofalandschaften ist, sind italienische Katzen eher aushäusig unterwegs. Öffentliches Rumlungern ist eine ihrer Lieblingsbeschäftigungen, in Rom sind die Straßenkatzen eine große Touristenattraktion, und überhaupt wäre eine italienische Altstadt ohne Katzen so ungewöhnlich wie eine funktionierende Müllentsorgung.

Die schlechte Nachricht für Katzenfreunde: Jedes Jahr werden in Italien rund 60.000 schwarze Katzen getötet – so beklagen es Tierschutzorganisationen. Noch immer neigt der Italiener zum Aberglaube und verdächtigt die dunklen Vierbeiner, mit dem Teufel höchstselbst unter einer Decke zu stecken. Die noch schlechtere Nachricht für Katzenfreunde: Jedes Jahr werden in Italien geschätzt 7.000 Katzen verspeist (auch ohne dass man sie satanistischer Umtriebe verdächtigt). Bewohner der italienischen Stadt Vicenza werden noch immer *mangiagatti* („Katzenfresser") genannt.

Die gute Nachricht für Katzenfreunde: Die vermutlich reichste Katze der Welt lebt in Italien. Denn im Gegensatz zu Deutschland können in Italien Tiere als Erben eingesetzt werden. So staubte die ehemalige Straßenkatze Tommasino vor einigen Jahren eine Villa, zwei Wohnungen in Rom und Mailand, mehrere Bankkonten sowie Ländereien in Kalabrien im Wert von insgesamt zehn Millionen Euro ab!

Die noch bessere Nachricht für Katzenfreunde: Auch Straßenkatzen ohne Chancen auf eine Erbschaft haben in Italien (meist weibliche) Fans. Das Füttern von freilaufenden Katzen ist meist das Geschäft älterer Frauen, die man als

GATTARA

bezeichnet: Italienisch für
ein alte Frau, die sich um Katzen kümmert.
(*gatta* = Katze)

BAC POUR ANIMAUX
DOMESTIQUES

SINK FOR WASHING PET ANIMALS

BEHÄLTER FÜR HAUSTIERE

BAK VOOR HUISDIEREN VUIL

#HÄ_16

Wohin mit Waldi? In Frankreich gibt es jetzt praktische Behälter für Haustiere. Leerung täglich!

Gesehen in Frankreich

Das geniale Kauderwelsch der Affendame Koko

Sie nahm ihr Geheimnis mit ins Grab: Konnte der Gorilla Koko sich wirklich mit der amerikanischen Psychologin Penny Patterson in Zeichensprache verständigen?

Am 19. Juni 2018 starb nicht nur eine 48 Jahre alte Gorilladame. In dem Gehege eines kalifornischen Zoos schlief auch ein vermeintliches Sprachgenie für immer ein. Ihr Name: Koko. Sie beherrschte rund 1.000 Zeichen einer komplexen Gebärdensprache, mit der es nur ein einziges Problem gab: Lediglich eine Person konnte sie verstehen – die Psychologin Penny Patterson. Diese hatte dem Affen über Jahrzehnte eine von ihr erdachte Gorilla-Zeichensprache beigebracht. Mit deren Hilfe – so die Behauptung Pattersons – könne man sich von Mensch zu Affe und von Affe zu Mensch unterhalten. Die Zeichensprache habe es Koko ermöglicht, Gefühle auszudrücken, Wünsche zu äußern und sogar zu lügen: Der Traum aller Linguisten und zudem eine Geschichte, die in nachrichtenarmen Zeiten immer wieder erzählt wurde. Besonders dann, wenn Hollywood-Stars wie Leonardo di Caprio oder Robby Williams der Affendame ihre Aufwartung machten. Dann wurde beseelt gekuschelt, geknuffelt, und die Schauspielstars fuchtelten sich zeichensprachenmäßiges Kauderwelsch zurecht, das dem prominenten Affen höchstwahrscheinlich völlig unverständlich war.

Eine wissenschaftlich objektive Überprüfung, ob Koko wirklich das Sprachvermögen hatte, das Penny Patterson ihr immer nachsagte, blieb jedoch bis heute aus. Patterson blockierte alle Versuche, weil sie Angst um das körperliche Wohl ihres Sprachgenies hatte. Viele Fragen blieben deshalb bis heute unbeantwortet: War Koko wirklich so mitteilungsbedürftig, oder ging es der Primaten-Quasselstrippe

Ein Herz und eine Seele: Penny Patterson und ihr zeichensprechender Affe Koko.

vielleicht nur um schmackhafte Belohnungen für tatkräftiges Gebärden? Ignorierte Patterson einfach die sinnlosen Zeichen des Affen und interpretierte nur diejenigen, die für sie einen Sinn ergaben? Und quatschte das Gorillaweibchen womöglich einfach so lange in Zeichensprache, bis das Gegenüber Signale aussendete, dass man – irgendwas – verstanden habe? Als halbwegs gesichert gilt hingegen, dass Kokos Intelligenzquotient zwischen 70 und 95 lag. Für menschliche Verhältnisse wäre das nicht unbedingt ein Spitzenwert, aber auch dem damaligen Präsidenten George Bush sagte man nur einen IQ von 95 nach. (Trotzdem schaffte Bush es zu einem halbwegs angesehenen Präsidenten.)

Höhepunkt von Kokos öffentlichem Wirken war eine Videobotschaft für die Teilnehmer der Kopenhagener Klimakonferenz im Jahr 2016. Die „Rede" wurde in den Untertiteln des Videos wie folgt eingeblendet:

Ich bin ein Gorilla
Ich bin die Blumen
Ich bin die Blumen, die Tiere
Ich bin die Natur
Die Menschen
Koko liebt die Menschen
Die Erde
Koko liebt die Erde
Aber die Menschen
Die Menschen sind dumm
Dumm!
Es tut Koko leid
Koko weint
Keine Zeit – Beeilung!
Macht die Erde wieder heil!
Helft der Erde!
Beeilung!
Beschützt die Erde
Die Natur
Die Natur sieht Euch
Vielen Dank.

Ob wegen oder trotz Kokos Druck auf die Tränendrüse – die Klimakonferenz wurde glücklicherweise ein Erfolg. Dass Koko allerdings die komplexen klimatischen Auswirkungen durch menschlich induzierte Klimagifte wirklich verstehen konnte, das bezweifeln selbst die Ethnologen, die Patty Pattersons Behauptungen ansonsten Glauben schenkten. Über die Folgen des Klimawandels wusste Koko nämlich genauso viel wie der amtierende US-Präsident: rein gar nichts.

NE JETEZ PAS VOS ORDURES EN VRAC L'USAGE DES SACS POUBELLE EST OBLIGATOIRE
— Merci

PLEASE DO NOT THROW LOOSE RUBBISH INTO THE SKIPS
BINLINERS ARE COMPULSORY

WERE DIE MUMM NICHT OHNE EINE ABFALLTUTE
BRAUCH VON ABFALLTUTE IST VERPFLICHT

WILT U·A.U.B. ALLEEN UW VUILLNISEMMER MET ZAK LEGEN
HET GEBRUIK VAN VUILNISZAKKEN IS VERPLICHT

#HÄ_17

Tut, tuuut, tuu-huuut! Haben Sie den Mumm zu tuten? Illegales Abladen von Hausmüll muss in Frankreich (verpflichtend!) mit einer weithin hörbaren Abfalltute angekündigt werden. Nur so können die landesweit eingesetzten Müllwerker auf ihren Horchposten alarmiert werden und unverzüglich zum Einsatzort flitzen.

Gesehen in Frankreich

Wie die Einhörner ins unsere Kinderzimmer kamen

Liebe Emma, Charlotte, Maria und Clara!

Ihr müsst jetzt echt mal tapfer sein. Genauso wie du, liebe Paula, Mathilda, Greta, Sophia – jetzt bitte nicht weinen! Und auch du, Anton (keine Angst, von uns erfährt's niemand), drückst jetzt noch mal ganz feste dein Einhornkissen und schlüpfst dann in deinen Einhorn-Kuschelschlafanzug, den dir deine Spielkameraden aus Bangladesch in ihrer Freizeit mit ganz doll viel Einhornliebe zusammengenäht haben. Lasst es euch so schonend wie möglich in eure Einhornpups-vernebelten Kindersynapsen schreien: ES GIBT KEINE VERDAMMTEN EINHÖRNER!! Hat es nie. Wird es auch nicht.

Das Einzige was es jemals gab, waren Auerochsen. Auerochsen waren fette, gefräßige und übellaunige Paarhufer, die meist bräsig in der Gegend rumstanden, vier Mägen hatten, weshalb ihre Kacke auch nicht nach Zucker schmeckte, sondern nach Kacke. Eben diese Ochsen waren im Altertum (also in der Zeit von Moses und den Pharaonen) ein höchst beliebtes Nahrungs- und Verkehrsmittel, weshalb sie auch an verschiedenen Stellen in der Bibel textliche Erwähnung fanden. In der hebräischen Fassung tauchten sie an 28 Stellen unter dem Wort *Reem* auf. Als die Bibel ins Griechische übersetzt werden sollte, herrschte bei den Sprachgelehrten allerdings große Ratlosigkeit, welches merkwürdige Tier sich wohl hinter dem Wort *Reem* verstecken möge. Man gab ihm schließlich den Namen *Monokeros,* was so viel bedeutet wie Einhorn. Mögliche Erklärung für den Fehler: Der Übersetzer kannte das Tier *reem* von einer Wandzeichnung, bei der in den damals üblichen Seitenansichten allerdings nur ein Horn sichtbar war. Ein Übersetzungsfehler mit bösen Folgen: Über die Jahrhunderte verfestigte sich der

Mythos vom Einhorn – immerhin war dessen Existenz ja durch die Schrift aller Schriften bewiesen. Vor allem im Mittelalter wurde das Wesen zum edelmütigen Fabeltier, das in vielen Geschichten, aber niemals in der Realität auftauchte. Warum der Einhorn-Wahnsinn in die Kinderzimmer des 21. Jahrhunderts schwappte, ist so rätselhaft wie einige Einhorn-Produkte selbst: „Einhornpups-Raumerfrischerspray" oder auch der Einhorn-Dildo (!), dessen Bewerbung merkwürdigerweise keine Wortspiele mit dem Begriff „horny" enthält (Hat mal wieder jemand gepennt im Marketing!).

Deshalb, liebe Emma, Charlotte, Maria und Clara, schnappt ihr euch jetzt mal den Anton, macht euch auf in die Wälder und sucht dort nach einem echten, ausgewachsenen Auerochsen. Die sind zwar seit 400 Jahren ausgestorben, aber das müsst ihr dem Anton ja noch nicht gleich sagen ...

Der Grund allen Einhornübels:
der Auerochse

Manche Entfernungen lassen sich sehr präzise beschreiben. So beträgt zum Beispiel die Distanz zwischen den schwarz-weißen Leitpfosten, welche an der seitlichen Fahrbahnlinie auf Autobahnen stehen, in Deutschland exakt 50 Meter. Auch in Finnland ist die Entfernung von Pfosten zu Pfosten genau vorgegeben und misst 60 Meter. Bei anderen Längenmaßen sind die Finnen weniger präzise, dafür aber umso fantasievoller: Das Wort

PENINKULMA

beschreibt die maximale Entfernung, in welcher man das Bellen eines Hundes noch hören kann. Das Wort setzt sich aus einem alten finnischen Wort für „Hund" (peni) und dem für „hören" (kuuluma) zusammen. Je nach Hund, Windrichtung und Störgeräuschen (wie zum Beispiel Autobahnen) kann die Entfernung zwischen sechs und 10 Kilometern schwanken.

Warum der Marienkäfer in Russland eine Kuh ist

„Andere Felder, andere Grashüpfer" sagt ein indonesisches Sprichwort und stellt damit eine hübsche Variation der in Deutschland geläufigen Form „Andere Länder, andere Sitten" dar. Wer sich auf die Reise in andere Länder macht, wird dort Grashüpfer und andere Insekten entdecken, die er von zu Hause nicht kennt. Manchmal begegnet man aber auch bekannten Insekten, die einfach nur einen fremdwirkenden Namen tragen. Der Marienkäfer ist so ein Fall. So hört das possierliche Tierchen in England auf den Namen „Ladybird", wobei es sich mittlerweile auch in den entlegensten Ecken Britanniens herumgesprochen haben dürfte, dass es sich bei dem Tier nicht um einen Vogel („bird"), sondern vielmehr um ein Insekt (legt auch Eier, kann ebenfalls fliegen, hat aber im Unterschied zum Vogel sechs Beine) handelt. Da der Name „Ladybird" jedoch bereits seit mehr als 600 Jahren in England in Gebrauch ist und sich im Laufe der Jahrhunderte fest im britischen Wortschatz verankern konnte, hat sich die Bezeichnung trotz der offensichtlichen Fehleinschätzung bis heute gehalten.

Die Frage ist: Wie konnte das alles passieren? Die Legende der Namensbildung geht auf das Mittelalter zurück. Es waren dunkle Zeiten, und so begab es sich, dass Blattläuse in großer Zahl über die Felder der englischen Bauern herfielen. Glyphosat oder andere Insektizide waren damals noch nicht erfunden, und die Blattläuse drohten die gesamte Ernte zu vernichten. Die englischen Bauern sahen das Unheil kommen und taten das, was sie in solchen Situationen immer zu tun pflegten: Sie beteten und riefen die heilige Jungfrau Maria um Hilfe an. Und tatsächlich: Nach ein paar Tagen kamen rote Käfer mit schwarzen Punkten auf die Felder geflogen und vertilgten die Blatt-

Mit billigen Tricks (bis zu 24 Punkte!) versucht sich der invasive Asiatische Marienkäfer (Harmonia axyridis) in Deutschland anzubiedern: Man kann es nicht oft genug betonen: Der original Maikäfer (Coccinella septempunctata) hat SIEBEN schwarze Punkte!

läuse. Die Ernte war gerettet, die Freude groß. Man war sich sicher: Die Gebete waren von der heiligen Maria (engl. „Lady Mary") erhört worden! Da die englischen Bauern zu jener Zeit in Sachen Artenkunde eher sparsam unterrichtet waren und es mit den Unterschieden zwischen Vögeln und Insekten nicht so genau nahmen, wurden die Käfer zu Ehren Lady Marys kurzerhand „Our Lady's birds" gerufen. Hieraus entwickelte sich dann im Laufe der Zeit die Kurzform „Ladybird", die noch heute Bestand hat. Die sieben schwarzen Punkte der Käfer, so war man sich sicher, standen für die sieben Leiden der Jungfrau Maria und dienten als eindeutiges Zeichen dafür, wer die Käfer gesendet hatte.

Beim Marienkäfer handelt es sich um einen in der Biologie seltenen Fall eines religiös motivierten Namens, der auch in andere Sprachen übertragen wurde. Wobei auffällt, dass man es nicht nur in England mit der korrekten Zuordnung der Tierart nicht so genau genommen hat. Je nach Land tritt der Käfer mal als Wanze (USA), mal als Henne (Dänemark) in Erscheinung. In Frankreich wollte man seinerzeit keinen Fehler machen und entschied sich für die unverbindliche Allgemeinbezeichnung „Jungfrauen-Tier". Deutlich wagemutiger war man in Russland, wo der Marienkäfer den Namen „Kleine Kuh Gottes" trägt. Etymologen sind der Frage nachgegangen, ob die mittelalterlichen Russen tatsächlich glaubten, dass es sich bei den Käfern um fliegende Kühe handelte. Hier kann – Gott sei gedankt – Entwarnung gegeben werden. Es verhält sich vielmehr so, dass der blattlausvertilgende Marienkäfer von den Russen als Nutztier eingeschätzt und damit auf eine Ebene mit der ebenfalls nützlichen Kuh gestellt wurde. Da man in Russland dem katholischen Glauben seinerzeit nicht besonders nahestand, wandelte man Maria kurzerhand in „Gott" um.

Auch in anderen Ländern, in denen man sich vom Katholizismus abgrenzen wollte, tauschte man den Namensbestandteil „Maria" in „Gott" oder alternativ auch in „Jesus" oder „Herr".

LAND	NAME	WÖRTLICHE ÜBERSETZUNG
Schweden	Maria Nyckelpiga	Marias Schlüsselmagd
USA	Ladybug	Lady-Wanze
Dänemark	Mariehøne	Marias Henne
Kroatien	Bubamara	Käfer der Maria
Frankreich	Bête de la vierge	Jungfrauentier
Russland	Bož'ja korovka	Kleine Kuh Gottes
Slowakei	Panbozkova Kravicka	Des Herren kleine Kuh
Niederlande	Lieveheersbeestje	Liebergotteskäfer

Freshing UP FÜR DIE Punnany

Pussies sind wie Schmetterlinge, zog sie gut riecht.

Ich halte diese Toilette sauber für Ihre Bequemlichkeit und ich lebe auf Ihre Tipps und Tipps allein zu überleben .... so versuchen Sie es großzügig zu sein.

Der Vereinten Nationen auf die Gesundheit darauf hingewiesen, dass Erstsemester haftbar zu leben junge und lang sind.

Danke für Eure Tipps und haben einen wunderbaren Flug zurück nach Hause!

ERINNERN!

NO SPLASH, NO GASH

Kein Spray, NO LAY

NO ARMANI, NO Punnany

Keine Seife, keine Hoffnung

NO LOLLY, NO JOLLY

NO COLOGNE, GO HOME ALONE YOU

NO ISSEY, N

Kein Gewebe,

MIT HUGO

WASH FING

ONE LOVE

HINWEIS! B

lies von WAl

strikt an das d

#HÄ_18

Jeder Literaturnobelpreisträger weiß: Bei einem Roman von Weltrang muss bereits der erste Satz den Leser in die Geschichte förmlich reinziehen. Warum sollte das nicht auch für Toilettenhinweisschilder gelten?

Gesehen in Palma de Mallorca

Ist mit 100 Dezibel genauso laut wie eine Holzfräsmaschine.
Und legt genauso wenig Eier: ein Hahn.

LAUTMALEREI

Ich glaub, mein Hahn kräht

Was steht auf dem Misthaufen und macht Ü-ü-rü-üüü? Es ist, na klar: ein Hahn. Zumindest wenn es sich um einen türkischen Vertreter seiner Art handelt. In der türkischen Sprache hat der Buchstabe „ü" eine Häufigkeit von 1,8 % und wird damit rund dreimal so häufig verwendet wie im Deutschen. Kein Wunder, dass auch der türkische Hahn beim morgendlichen Krähen den einen oder anderen U-Umlaut in seinen Ruf mit einbaut. Auch in anderen Sprachen unterscheiden sich die Rufe des Vogels auffällig voneinander – und das, obwohl der Hahn in Wirklichkeit in jedem Land gleich kräht. Die unterschiedlichen Varianten entstehen durch den Versuch des Menschen, das Krähgeräusch mithilfe der eigenen Sprache nachzuahmen. Die Wissenschaft spricht in diesen Fällen von Lautmalerei oder Onomatopoesie. Durch die unterschiedlichen Laut-Gewohn-heiten der verschiedenen Sprachen entstehen jedoch Unterschiede in der Schreibweise der Geräusche:

Cock-a-doodle-doo	England
A-Cháich-éirigí-éirigí	Irland
Quiquiriqui	Spanien
Chicchirichií	Italien
Kukariekou	Russland
Kukuryku	Polen
Kukuriku	Ungarn
Cucurigu	Rumänien
Kikerigu	Lettland
Có-có-ró-có-có	Portugal
Cwc-a-dwdl-dw	Wales
Gahh-a-la-gu	Island
Kuuko-Kiekko	Finnland
Ü-ü-rü-üüü	Türkei
Kykyryky	Tschechien
Cocorico	Frankreich
Kuckeliku	Schweden
Kukeleku	Niederlande

Verständlich scheint die Sorge, dass ein isländisches Huhn die Kom-mandos eines ungarischen Hahnes überhaupt nicht verstehen kann. An dieser Stelle kann Entwarnung gegeben werden: Der Hahn selbst weiß von alldem nichts und egal ob Cock-a-doodle-doo , Gahh-a-la-gu oder Kukuriku: Das Federvieh versteht sich – egal, was wir Menschen auch schreiben.

Selten wird man seiner ansichtig. Oder versteckt er sich womöglich bewusst, falls die Zuneigung doch einmal in Zorn, vielleicht sogar Hass umschlagen sollte?

Nicht einmal jeder zehntausendste Deutsche hat jemals einen Kuckuck gesehen – so die Schätzung führender Kuckucksforscher. Trotzdem sind viele Menschen ganz verschossen in den mausgrauen Vogel. Vor allem der romantisch verklärte Stadtmensch jubiliert Jahr um Jahr über den willkommenen Frühlingsboten. Doch während man noch dem fröhlichen Flöten lauscht, wuchtet der fiese Vogel schon die ersten Fremdeier aus diversen Singvogelnestern und schiebt den treudoofen Opfern gefräßige Mietnomaden unters Gefieder. Bis auf die dreifache Größe ihrer selbst päppeln die Rohrsänger, Rotkehlchen & Co. den undankbaren Kuckucksnachwuchs auf, der im nächsten Jahr mit dem gleichen ornithologischen Enkeltrick völlig unbehelligt durchkommt.

Wenn die Natur wirklich nach Gottes Plan geschaffen wurde, dann fragt man sich doch: Wie kann er nur so eine himmelschreiende und unchristliche Gemeinheit zugelassen haben? Der Kuckuck als Beweis für die Nichtexistenz Gottes? Zumindest ist der Vogel ein echter Musterschüler im Darwinschen Sinne, der im säkularen Skandinavien trotz seines rüpelhaften Benehmens (der Vogel, nicht Darwin) für eine besondere Freizeitbeschäftigung steht:

GÖKOTTA

heißt so viel wie: sehr früh aufstehen und den Vögeln beim Singen zuhören. Der Begriff setzt sich zusammen aus den Wörtern *Gök* (Kuckuck) und *otta* (früh).

KAPITEL VI

Nützliches für unterwegs

Offiziell: Eine blaue Rundumkennleuchte (RKL) ist eine Warnleuchte, die Licht über einen Bereich von 360° ausstrahlt und mit Folgetonhorn Sondersignale ausstößt. Man kann aber auch Blaulicht sagen, und das Ganze hört sich dann so an:

Dass auf jedem Apfel der Sorte „Pink Lady" ein Aufkleber mit dem Schriftzug „Pink Lady" pappt, ist ein Ärgernis, das viel zu wenig und deshalb zumindest hier einmal Erwähnung finden soll. Was bitte bekleben diese irren Marketingstrategen als Nächstes? Johannisbeeren? Schnittwurst? Eine weitere merkwürdige Entwicklung im Marketing: Immer mehr Essbares wird nach etwas nicht Essbarem benannt, das mit dem Essbaren geschmacklich eigentlich nichts zu tun hat. Denn nach allem, was man weiß, schmeckt eine „Pink Lady" nicht nach einer Lady und ein „Kinder Country" weder nach Grundschüler noch nach Uckermark. Umgekehrt werden zunehmend nicht essbare Konsumgüter nach Essbarem benannt, die man aber nicht essen, sondern nur riechen kann. So wird man im „Palmolive Strawberry Touch Duschgel" kaum Erdbeeren finden, und ins Axe Bodyspray „Leather & Cookies" hat auch niemand Zimtsternchen gekrümelt.

Vorneweg schreitet in dieser Hinsicht momentan die Nikotinverabreichungsbranche: Die Namen der Liquids (dem Gift) von E-Zigaretten sind nichts anderes als olfaktorische Euphemismen zur Verschleierung von potenziell tödlichen Substanzen. So existieren Geschmacksrichtungen wie „Pfirsich-Streuselkuchen", „Blaubeer-Käsekuchen" oder gar „Crazy Monkey" (eine Kombination aus Bananenpfannkuchen, Apfel und Zimt). Liebend gerne würde man wissen, wie wohl die Diskussionen über derartige Produktneuheiten bei den E-Zigaretten-Herstellern verlaufen: „Im Spinat-Segment müssen wir dringend etwas reißen, die Konkurrenz macht uns mit ihrem Sellerie-Guacamole-Liquid doch lächerlich!" schallt es hysterisch aus der Chefetage. „Was macht eigentlich unsere Knoblauch-Nuss Entwicklung?", fragt der Vertriebschef, und „wie ist eigentlich die Marktforschung mit der Senfei-Pastinaken-Sache ausgegangen?", grübelt man in der Werbeabteilung. Für Raucher der alten Schule ist all das ein

Graus. Kann man sich den Marlboro-Mann mit einer dampfenden Streußelkuchenstange im Mund vorstellen? Oder Jean-Paul Belmondo, der sich statt einer roten Gauloises ein fieberthermometerartiges Ding mit Käsekuchengeschmack lässig in die Mundwinkel schiebt? Nein, kann man nicht. Nicht als Nichtraucher und auch nicht als Käsekuchenliebhaber.

Das nächste No-Go für Rauchpuristen: Man muss die E-Zigaretten zusammenstecken wie ein Billy-Regal. Zudem sind einige der Gebrauchs- und Zusammenbauanweisungen länger als das, was manche in ihrem verbleibenden Raucherleben überhaupt noch lesen wollten. Für Rauchpuristen gilt: Wenn man im Tabakbereich etwas zusammenbaut, dann sind es entweder „Selbstgedrehte" oder aber das Beste, was von einer aufgerauchten Zigarette übrigbleibt – nämlich der unverbrannte Tabak kurz über dem Filter. Mit viel Geduld, etwas Fingerspitzengefühl und ohne Geld kann man sich aus einer Handvoll Kippen eine voll funktionstüchtige Secondhand-Zigarette zusammenfrickeln. Verbreiteter als in Deutschland ist dieser Brauch in Italien, wo dieser Eigenbau als eine

SEGATURA

bezeichnet wird.

COMUNE DI FORIO
PROVINCIA DI NAPOLI
UFFICIO DEMANIO

ATTENZIONE: PERICOLO CADUTA MASSI
E' VIETATO IL TRANSITO, LA SOSTA DI
PERSONE NONCHE' LA BALNEAZIONE

DANGER FALLEN MASSES
PROHIBITED THE TRANSIT, PROHIBITED
THE PAUSE OF PERSON AND THINGS
PROHIBITED THE BATHING

GEFAHR GEFALLENE MASSEN
VERBOTEN DIE DURCHFAHRT, VERBIETET
SIE DIE PAUSE DER PERSONEN , ODER
SACHEN VERBOTEN DAS BADEN

PRD. N° 4/97 DEL CIRCOMARE DI ISCHIA

#HÄ_19

Klingt alles sehr logisch:

1. Wenn die Durchfahrt verboten ist, kommt auch kein Mensch an den Strand.

2. Wenn kein MENSCH an den Strand kommt, dann kann man auch nur den SACHEN das Baden verbieten. Gar nicht auszudenken, wenn so eine aufblasbare Sitzbanane unbeaufsichtig ins Wasser ginge!

Gesehen in Italien

I have a gift for you!

FALSCHE FREUNDE

Achtung, Verwechslungsgefahr!

„Die Zähne, die lächeln, können auch beißen", sagt ein nigerianisches Sprichwort und warnt davor, zu schnell zu einem Menschen Vertrauen zu fassen. Doch nicht nur im zwischenmenschlichen Bereich gibt es falsche Freunde, auch beim Sprechen anderer Sprachen lauert so manches Fettnäpfchen. Hier sprich man von *falschen Freunden*, wenn ein Wort in unterschiedlichen Sprachen gleich aussieht oder klingt und dabei kurioserweise eine andere Bedeutung hat. Wer in einer englischen Kneipe dem Kellner schon mal ein munteres „I become a beer" zugeworfen hat, kennt die staunenden Blicke – schließlich steht „to become" im Englischen nicht für „etwas bekommen", sondern für „etwas werden". Auch andere Begriffe können zu kuriosen Verwechslungen führen:

SIE DENKEN	SIE SAGEN	MAN VERSTEHT	RICHTIG WÄRE
Ich bekomme ein Bier.	I become a beer!	Ich werde ein Bier!	I'd like a beer.
Was für ein Mist!	What a mist!	Was für ein Nebel!	God damn!
Ich bin Unternehmer.	I am an undertaker.	Ich bin ein Leichenbestatter.	I am an entrepreneur.
Habt eine gute Fahrt!	Have a nice fart!	Habt einen guten Pups!	Have a safe journey!
Ich brauche ein Präservativ.	I need a preservative.	Ich brauche ein Konservierungsmittel	I need a condom.
Ich suche das Gymnasium.	I am looking for the gymnasium.	Ich suche die Sporthalle.	I am looking for the grammar school.
Ich bin ein guter Chef.	I am a good chef.	Ich bin ein guter Koch.	I am a good boss.
Ich brauche einen Smoking.	I need a smoking.	Ich möchte rauchen.	I need a dinner jacket.
Ich möchte spenden.	I want to spend.	Ich möchte Geld ausgeben.	I want to donate.
Er ist engagiert.	He is engaged.	Er ist verlobt.	He is committed.

Kaminofenfreunde wissen: Je trockner das Holz, desto schöner das Feuer. Nicht umsonst nimmt das Stapeln und Trocknen von Kaminholz unter Holzheizern mitunter philosophische Züge an. In Norwegen gilt die Faustregel, dass der Abstand zwischen lagernden Scheiten zwar mindestens so groß sein sollte, dass eine Maus locker hindurchpasst, jedoch niemals ein Maß erreichen darf, dass eine Ratte es schafft! Wer diese Empfehlung beim Lagern berücksichtigt, kann sichergehen, dass das Holz gut durchtrocknet, sodass einem gemütlichen Abend am Ofen nichts im Wege steht. Auch sonst sind die Norweger echte Ofenexperten und wissen: Es gibt Holz, das schnell trocknet, und Holz, welches etwas länger zum Trocknen braucht. Und dann gibt es noch jenes Holz, welches eigentlich trocknen müsste, aufgrund mysteriös-widriger Umstände dieses jedoch nicht tut, und genau hierfür haben die norwegischen Samen ein eigenes Wort

TJÁSJSJALLO

und bezeichnen damit Holz, aus dem die Feuchtigkeit nicht entweicht und welches daher nicht gut brennen wird.

#HÄ_20

Llanfairpwllgwyngyllgogerychwyrndrobwllllantysiliogogogoch ist laut Guinessbuch der offiziell längste Ortsname der Wert. Weitere Infos gibt's auf www.llanfairpwllgwyngyllgogerychwyrndrobwllllantysiliogogogoch.co.uk oder eben auf dem hier abgebildeten Schild gleich hinter dem Ortseingang des walisischen Llanfairpwllgwyngyllgogerychwyrndrobwllllantysiliogogogoch, wobei auch die Übersetzung (Whirlpool?) noch einige Fragen offen lässt.

Gesehen in
Llanfairpwllgwyngyllgogerychwyrndrobwllllantysiliogogogoch

Cheeeeeeessssse!!!!

Es gibt tatsächlich eine linguistische Studie, die Folgendes herausgefunden hat: Das französische Wort *Quistiti* („Kleines Äffchen") ist
das beste Wort zum Erzeugen eines Fotolächelns. Man muss kein
Sprachforscher sein, um zu erkennen, dass rustikale Wörter wie *Her-
nesupp* (Erbsensuppe) oder *Omelett* eher Stimmungsbremsen sind
– in Nordeuropa werden sie trotzdem (oder gerade deswegen) genutzt. Ansonsten sind folgende Lächelkommandos im internationalen Einsatz:

Italien:	*Famiglia!* (Familie)
Kolumbien:	*Whiskey* (Whiskey)
Schweden:	*Omelett* (Omelett)
Schweiz:	*Formaggio!* (Käse)
Frankreich/Belgien:	*Ouistiti!* (Kleines Äffchen)
Spanien:	*Patatas!* (Kartoffel)
Polen:	*Marmolada!* (Marmelade)
Thailand:	*Pepsi!* (Pepsi)
Finnland:	*Muikki!!* (Maräne – ein Fisch)
Dänemark:	*Smil!* (Lacht!)
Portugal:	*Diga X!* (Sagt X!)
Korea:	*Kimchi!* (Kohl)
Holland:	*Zaag Eens Kaas!* (Sag mal Käse!)
Estland:	*Hernesupp!* (Erbsensuppe)

Proszę nie wrzucać ręczników papierowych do muszli klozetowe, dziękujemy

Nicht sich reinwerfen
in die Toilette,
Papier der Hand mit Dank.

#HÄ_21

Man kann nicht oft genug darauf hinweisen: Wer sich selbst in die Toilette wirft, nimmt die Verstopfung derselbigen mutwillig in Kauf!

Gesehen in Polen

Franz Boas Gespür für Schnee

Manche glauben, Michael Jackson wäre ein außerirdisches Reptil (Reptiloid) gewesen, und manche glauben, die Eskimos hätten 100 Wörter für Schnee. Beim Ersten ist man sich noch nicht ganz sicher, beim Zweiten liegen die Leute mit Sicherheit falsch.

Mythen, Legenden und Verschwörungstheorien – viele kommen, die meisten gehen, manche widersetzen sich allerdings jeder Argumentation und verwirren den aufgeklärten Geist mit Geschichten aus dem Fabelreich. Im Sprachbereich liegt seit vielen Jahren folgende Behauptung ganz vorne: Die Eskimos haben mehr als 100 Wörter für Schnee. Die Wahrheit ist: Eskimos haben keine 100 Wörter für Schnee. Vielleicht sind es vier oder fünf. Trotzdem führt die Legende eine putzmuntere Existenz auf Akademikerhochzeiten und anderen gesellschaftlichen Anlässen, bei denen es gilt, Gesprächspausen amüsant mit nützlich unnützem Wissen zu füllen.

Ihren Ursprung hat die Legende im Jahr 1911. Damals stellte der Sprachwissenschaftler Franz Boas die These auf, dass sich Völker ihren Lebensumständen auch sprachlich anpassen würden. Zur Beweisführung zerrte er die Eskimos ins Scheinwerferlicht seiner Forschung. Demzufolge hätte das Naturvolk jeweils eigene Wörter für „fallenden Schnee", „driftenden Schnee", „Schnee am Boden" und „Schneewehe", im Englischen hingegen würde man alles nur als „snow" bezeichnen. Das Medienecho auf diese „Entdeckung" war groß, und mit der Zeit vervielfachte sich die Anzahl der vermeintlichen Wörter immer weiter. Aus 4 wurden 20, dann 50 und mittlerweile sind es über hundert, ohne dass jemals eine Liste erschien, auf der genau diese hundert Wörter niedergeschrieben wurden. Der Grund: Theoretisch könnten die Eskimos sogar 1.000 oder 5.000 Wörter für Schnee bilden, sodass es überhaupt keine vollständige Liste geben kann. Die Inuit – so die politisch korrekte Bezeichnung – sprechen eine polysynthetische

*Der Ethnologe Franz Boa verursachte den Hype um die 100 Namen
für Schnee. Ihm selber wäre das heutzutage vermutlich alles furchtbar
unangenehm.*

Sprache. Vereinfacht gesagt können sie mehrere Wörter zusammen-
pappen, sodass Begriffe entstehen, für die wir ganze Sätze bräuch-
ten. Es wäre demnach auch möglich, ein Wort für „Schnee, der auf
ein grünes Einhorn fällt" oder „Schnee, der auf Franz Boas Schnurr-
bart fällt" zu bilden. Für alle Anhänger des Schneemythos könnte
es noch schlimmer kommen: Es ist wahrscheinlich, dass es im Deutschen weit mehr Wörter für Schnee gibt als bei den Inuit. Bei genauer Betrachtung kommt man hierzulande auf locker 20 Schneearten,
wie zum Beispiel Pulverschnee, Neuschnee, Altschnee, Nassschnee,
Feuchtschnee, Sulzschnee, Windharsch, Bruchharsch, Pappschnee,
Firnschnee, Faulschnee, Schwimmschnee oder Kunstschnee. Schon
für die letztere Schneesorte hatten die Inuit bestimmt keinen Grund,
ein eigenes Wort zu bilden. Und falls doch, dann hieße Kunstschnee

wohl „Schnee, der aus einer Kanone auf Menschen fällt, die aus unerfindlichen Gründen immer wieder einen Berg runterrutschen".

Dass sich der Schneemythos nicht ausrotten lässt, liegt vermutlich auch in dem Wunsch begründet, er möge wahr sein. Die vermeintliche Erzählung, die dahintersteckt, ist für das urbane Bildungsbürgertum ja einfach zu verlockend, als dass man sich von Fakten beirren lassen würde: Wir – die abgestumpften Stadtbewohner – sind der Natur entfremdete Wohlstandsopfer. Für alles, das weiß und kein Milchschaum ist, kennen wir im Winter nur ein Wort: nämlich Schnee. Die feinfühligen Inuit jedoch leben friedfertig (wenn sie nicht gerade Robbenbabys jagen) und in beseelter Einigkeit mit der verschneiten Natur der Arktis, in der das einzige Vergnügen die Komposition neuer Schneenamen ist. Mit Sicherheit wird auch der Schneemythos eines Tages entzaubert werden oder vielleicht durch einen anderen, noch irrsinnigeren ersetzt.

Am schönsten wäre es allerdings, wenn sich ein Mythos um ein deutsches Wort bei den Eskimos festsetzen würde. Man könnte zum Beispiel behaupten, dass wir Deutschen mehr als 100 Wörter für Autos haben. Als Autonation eine durchaus glaubwürdige Vorstellung, die sich sicherlich auch in Eskimokreisen durchsetzen könnte. Also bitte, wir fangen mal an: Möhre, Mühle, Hobel, Blechkalesche, Rennsemmel, Schlitten, Mösenstövchen, Töff-Töff, Lebensabschnittsgefährt, Schüssel, Hämorrhoidenschaukel, Kackrassel, Brausomat, Reiskocher, Keksdose, Rostlaube, Bürgerkäfig, Familienquetsche, Schlampenschlepper, Gichtgondel, 4-Türker, Wanderbaustelle, Potenzkrücke, Rennpappe, Asphalthobel, Pussymagnet, Retourkutsche, Bastelbude, Rührschüssel, Furzbüchse, Resttüvschleuder, Blechgurke, Rostschutzreservat.

Das waren schon mal 34. Weitere Vorschläge bitte melden!

AUTOMOBILISTES

Aujourd'hui la mer ne recouvre pas ce parking →

 Today the sea does not cover this carpark

 Heute bedeckt das meer diesenparkplazt nicht

 Ogg

 H

#HÄ_22

Mag ja sein, dass „heute" das Meer diesen Parkplatz nicht bedeckt. Mag aber auch sein, dass der Typ, der dieses Schild jeden Tag umklappt, heute eine Autopanne hat.

Gesehen in Frankreich

Das kommt mir Chinesisch vor!

Wer Merkwürdiges sprachlich illustrieren möchte, der greift im Deutschen gerne zur Formulierung: „Das kommt mir Spanisch vor!" Im internationalen Vergleich heißt es allerdings am häufigsten „Das kommt mir Chinesisch vor".

Mit diesen Sprachen kommt der Welt etwas Spanisch vor:

Arabisch	Das kommt mir *Garschuni* vor!
Dänisch	Das kommt mir *Volapük* vor!
Englisch	Das kommt mir *Griechisch* vor!
Esperanto	Das kommt mir *Volapük* vor!
Finnisch	Das kommt mir *Hebräisch* vor!
Hebräisch	Das kommt mir *Chinesisch* vor!
Isländisch	Das kommt mir *Spanisch* vor!
Italienisch	Das kommt mir *Aramäisch* vor!
Japanisch	Das kommt mir *Chinesisch* vor!
Latein	Das kommt mir *Griechisch* vor!
Norwegisch	Das kommt mir *Griechisch* vor!
Persisch	Das kommt mir *Japanisch* vor!
Rumänisch	Das kommt mir *Türkisch* vor!
Russisch	Das kommt mir *Chinesisch* vor!
Schwedisch	Das kommt mir *Griechisch* vor!
Spanisch	Das kommt mir *Chinesisch* vor!
Türkisch	Das kommt mir *Französisch* vor!
Ungarisch	Das kommt mir *Chinesisch* vor!
Chabacano	Das kommt mir *Deutsch* vor!*

Auf den Philippinen sprechen rund 600.000 Menschen Chabacano – eine spanischbasierte Kreolsprache, deren Sprecher man am südwestlichsten Zipfel des Landes antrifft. Dort sagt man: „Aleman ese comigo".

EVACUATION PIETONS ET
VEHICULES EN CAS DE CRUE

WAY-OUT FOR CARS AND PEOPLE
ON FOOT IN CASE OF SPATE

AUSLEERUNG FÜR FUBGÄNGER UND
WAGEN IM FALLE AUS HOCHWASSER

#HÄ_23

So viel Zeit muss sein: Vor dem Hochwasser kann man hier noch schnell seinen Wagen ausleeren. Wenn die Karre dann drei Inseln weiter wieder angespült wird, soll ja alles picobello aussehen.

Deutschland zählt zu den führenden Lochnationen. Im oberpfälzischen Windischeschenbach bohrte man im Jahr 1995 eines der tiefsten Löcher der Welt. Rekordlochhalter ist aber nach wie vor Russland mit einem 12.262 Meter tiefen Loch – auch wenn man in Windischeschenbach nur sehr ungerne darüber spricht. Lieber erzählt man dort etwas vom „weltweit tiefsten zugänglichen Loch", schließlich haben die Russen ihren gullydeckelgroßen Locheingang einfach dichtgemacht. Das deutsche Loch ist hingegen jederzeit begehbar – was allerdings eine eher theoretische Möglichkeit ist: Unten im Loch herrschen Temperaturen von rund 300 Grad, was die Dauer eines Lochbesuches empfindlich einschränkt. Die eigentliche Konkurrenz unter den Tiefbohrern besteht bzw. bestand allerdings nicht zwischen Windischeschenbach und dem Russenloch, sondern zwischen den Lochgroßmächten Russland und USA. Letztere hatte sich mit dem „Berta-Rogers Loch" 9583 Meter ins Erdinnere gemeißelt, weshalb die Russen auf der Kola-Halbinsel bis auf 15.000 Meter tief runter wollten. Bei rund 12.000 Metern endete der Vorstoß – man war scheinbar der Meinung, dass man den imperialistischen Lochbohrern in den USA einen ausreichenden Denkzettel verpasst hatte. Das Erstaunlichste am Wettlauf der Löcher ist aber: Indonesien hat an ihm niemals teilgenommen, obwohl man dort das Wort

KEJEBLOS

kennt. Es beschreibt den Umstand, zufällig in ein Loch zu fallen.

#HÄ_24

Zum Wasselfall ist links die lichtige Lichtung! Dass viele Asiaten das kehlkopfkratzende „R" nur ungerne aussprechen, ist bekannt – dass sie es auch ungerne schreiben, eher weniger.

Wetterberichte im Fernsehen sind ein ständiges Ärgernis. Sie sind viel zu zahlreich und viel zu lang. Es beginnt schon in dem Moment, wenn der Moderator umständlich an den Wettermann oder die Wetterfrau übergibt. Statt einem einfachen „Und jetzt das Wetter" wird zwischen dem letzten redaktionellen Beitrag und dem aktuellen Wetter eine sprachlich ambitionierte Verknüpfung gedrechselt, die im zufälligen Plauderton geistreich hin und her gespielt wird, während der Gebührenzahler sich fragt, ob's denn nun verdammt noch mal regnen wird oder nicht. Nur an hohen christlichen Feiertagen zeigen die Moderatoren manchmal Erbarmen. Dann wird schon mal nach einem bestimmten Wetterereignis gefragt – zumeist in einem Tonfall, mit dem man sich sonst bei Hunden nach dem Verbleib eines Stöckchens erkundigt: „Ja, wo gibt's denn dieses Mal weiße Weihnachten?" oder „Ja, suchen wir denn alle Ostereier in der Sonne?" Der Wettermann retourniert dann meistens gekonnt mit Formulierungen wie: „Heiter bis wolkig, gebietsweise Regen", was übersetzt so viel heißt wie: „Wir wissen's doch auch nicht, aber wenn es nicht regnet, dann ist alles gut und falls doch, dann soll keiner sagen, ich hätte nichts gesagt!" Für alle Wetterberichtgeplagten gibt es eigentlich nur eine Lösung: Wer wissen will, wie das Wetter ist, soll aus dem Fenster schauen. Und wer wissen will, wie das Wetter morgen ist, der soll morgen aus dem Fenster schauen. Doch leider lauern auch bei dieser Methode Gefahren, weshalb die Isländer das Wort

GLUGGAVEDUR

kennen, was so viel heißt wie „Fensterwetter" – also Wetter, das von drinnen sehr schön ausschaut, sich im Freien aber als eine garstige Zumutung herausstellt.

Wer in Frankreich unterwegs ist und unvermittelt eine Autopanne erleidet, die Klimaanlage am Ferienhaus reparieren möchte oder in eine andere Problemsituation gerät, kann sich glücklich schätzen, einen

BRICOLEUR

in seiner Nähe zu haben. Fragt man den Google-Übersetzer, was Bricoleur auf Deutsch heißt, wird das Wort „Handyman" angezeigt. Das ist zwar kein Deutsch, gibt aber einen ersten Eindruck, was sich hinter dem Begriff verbirgt: Als Bricoleur bezeichnet man eine Person, die handwerklich geschickt ist und Herausforderungen mit Kreativität und Erfindergeist angeht (abgeleitet von „bricoler", frz. für herumbasteln, zusammenfummeln). Entscheidend ist hierbei die Art und Weise. Anders als der rational denkende und bevorzugt mit hochwertigen Werkzeugen arbeitende Ingenieur geht der Bricoleur die Sache aus dem Bauch heraus an und „erbastelt" sich eine Lösung mit den gerade spontan zur Verfügung stehenden Mitteln. Ein berühmter Vertreter dieses Menschenschlages ist MacGyver, der Held aus der gleichnamigen Fernsehserie, der sich darauf versteht, den Zeitzünder einer Atombombe mal eben mit einer Büroklammer kurzzuschließen oder sich aus Sumpfgas, Matsch und Bambuskeimen praktische Handgranaten zu fertigen. MacGyver hat mit seinem handwerklichen Improvisationstalent das Seriengeschehen der 80er- und 90erjahre geprägt, und noch heute ist im englischsprachigen Raum das Verb *to macgyverize* in Gebrauch, welches für das spontan-intuitive Erbasteln von Lösungen steht.

Achtung – Roboter voraus!

Die erste deutsche Ampel wurde 1924 in Berlin auf dem Potsdamer Platz aufgestellt. Das Modell war handgesteuert und übernahm die Verkehrsregelung des damals verkehrsreichsten Platzes in Europa. Von dort aus trat die Ampel ihren Siegeszug in Deutschland an, und bereits Anfang der 1930erjahre wurden in Berlin mehrere Straßenzüge in „grüner Welle" betrieben.

In Botswana wurde die erste Ampel im Jahre 1986 installiert. Bis dahin war die Regelung des Verkehrs ausschließlich Polizisten vorbehalten. Als die elektrischen Ampeln aufkamen und sukzessive die Aufgaben der Polizisten übernahmen, wurden diese landläufig als „robot policemen" bezeichnet, woraus sich im Laufe der Zeit die Kurzform „robots" entwickelte. Und auch wenn die botswanische Ampelhistorie noch vergleichsweise jung ist, so haben sich die praktischen Lichtsignalanlagen bereits vollständig in den Alltag der Verkehrsteilnehmer integriert, sodass deren Benutzung heutzutage keinerlei Besonderheit mehr darstellt. Was hingegen vor allem für ausländische Verkehrsteilnehmer durchaus als Besonderheit anmutet, ist die Tatsache, dass die Ampeln in Botswana mit Schildern angekündigt werden. So wird der Autofahrer in angemessener Entfernung vor der Ampel mit dem Schild „Robot Ahead" vorgewarnt. Was für den botswanischen Verkehrsteilnehmer völlig normal ist, versetzt deutsche Reisende immer wieder in Erstaunen und macht die „Robot Ahead"-Schilder zu einem beliebten Fotomotiv.

Doch auch andersherum birgt das Thema „Ampel" großes Verwirrungspotenzial! Man versetze sich einmal in einen botswanischen Autofahrer, der mit seiner Familie auf Safari durch das Ruhrgebiet unterwegs ist. Wie gefährlich muss es ihm anmuten, so viele Ampeln anzutreffen, die völlig unvermittelt ohne Hinweisschilder wie aus dem Nichts auftauchen! Und dann erst der Name! Beim Goo-

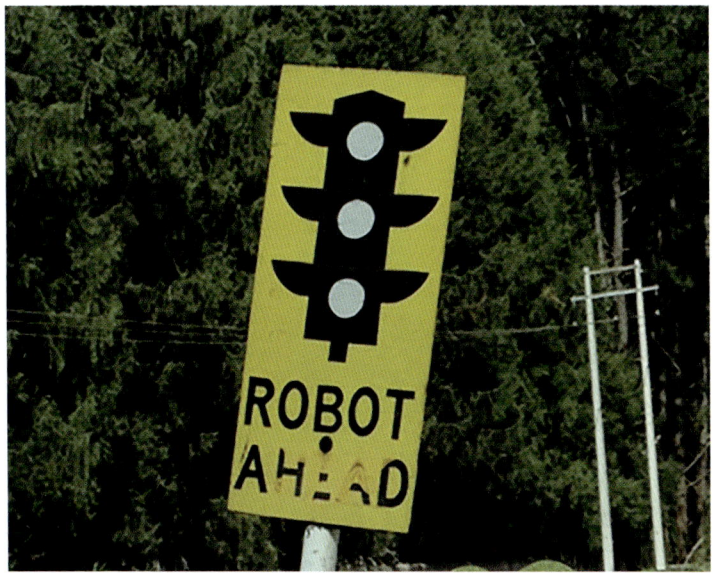

geln nach der Begründung, warum die Teile in Deutschland nicht „Roboter" heißen, findet er heraus, dass sich der Begriff Ampel vom lateinischen Wort *ampulla* („Ölflasche", bzw. Öllampe) ableitet und letzten Endes eine ebenso umgangssprachliche Bezeichnung wie „robot" ist. Der offizielle Name lautet Lichtsignalanlage, was herrlich nach Bürokratendeutsch klingt und durch die höchstoffizielle Abkürzung LSA seine Vollendung erfährt. Wer die deutsche Ordnungs- und Regelungsliebe bisher für eine unbegründete Stereotype hielt, dem sei die Lektüre der „Richtlinien für Lichtsignalanlagen" (kurz RiLSA) ans Herz gelegt. In diesem epochalen Machwerk werden auf 88 Seiten Vorgaben für den vorschriftsmäßigen Betrieb von Ampelanlagen gemacht. Herausgegeben von der Forschungsgesellschaft für Straßen- und Verkehrswesen sind in RiLSA faszinierende Themen wie Einfahrzeiten, Räumzeiten, Zwischenzeiten, Freigabezeiten, Sperrzeiten sowie das Spezialgebiet „verzögerter Freigabezeitbeginn" von Ampeln geregelt.

#HÄ_25

Welches Deutschlandbild man in Vietnam hat, verrät uns dieses Wörterbuch:

1. Deutsche wohnen zu 98% in Burgen und Kastellen. Der Rest in Schloss Neuschwanstein.

2. Deutsche lesen offenbar sehr gerne unbedruckte gelbe Notizblöcke und sehen dabei aus wie Miss Venezuela.

3. Deutsche Sprache schwere Sprache, erst recht die GRAMARTIK. Aber man gewöhnt sich an allem, auch am Dativ!

NGỮ PHÁP
TIẾNG
ĐỨC
TIẾNG ĐỨC DÀNH CHO NGƯỜI VIỆT
Thạc sĩ NGUYỄN VĂN TUẤN
DEUTSH GRAMMARTIK

Wie das Ahoi nach Prag kam

Richtiges Grüßen in fremden Ländern ist ja immer so eine Sache. In Frankreich empfiehlt sich etwa ein hingehauchtes „Bonnjua" oder in Italien ein temperamentvoll vorgetragenes „Bonnaasäära". In Tschechien und der Slowakei werden Besucher unter Umständen eine kleine Überraschung erleben. Egal ob auf den Gipfeln der Karpaten oder in den Bierkellern von Prag – in beiden ehemaligen Ostblockländern ist das seemännische „Ahoi!" in etwa so verbreitet wie bei uns ein lockeres „Hallo".

Woher stammt die maritime Grußpraxis in den eigentlich hochseehäfenfreien Ländern? Erste Erklärung: Tschechische Seeleute etablierten das Ahoi auf ihren Heimatbesuchen. Tatsächlich hatte Tschechien über Jahrzehnte hinweg eine stattliche Handelsflotte, deren Schiffe in polnischen und deutschen Seehäfen lagen. Auch die Elbe-Schifffahrt nach Hamburg hatte Tradition. Nicht zuletzt deshalb, weil man den Tschechen im Rahmen der Versailler Verträge im Jahr 1919 etwas ganz Besonderes zusicherte: eine exterritoriale Zone im Hamburger Hafen. Tatsächlich hat Tschechien noch bis ins Jahr 2028 das Nutzungsrecht auf eine Mini-Hafenfläche in der Hansestadt. Zweite Erklärung: Jugendliche Kanufahrer fanden das Wort in den 1920erjahren dufte – was auch irgendwie stimmen könnte, aber leider keinen Anlass zu weiteren Schifffahrtsgeschichten bietet.

Sicher ist hingegen, dass die Tschechen und Slowaken eine große Lust am Ironisieren und Verniedlichen ihrer eigenen Sprache haben. Ein Umstand, der mittlerweile interessante Ahoi-Derivate entstehen ließ:

„Ahojček"	(Ahoichen!)
„Ahoijka"	(Prösterchen!)
„Ahojťe"	(Ahoi, ihr!)
„Ahojme sa"	(Wir sagen ahoi!)

Der Anleger des tschechischen Hafens in Hamburg im Jahr 2017 : Von hier aus schippern die Tschechen um die Welt (aber scheinbar nur mit Handkarren).

Doch dem vermeintlich eingeschipperten Wort droht Ungemach! Als die sozialistische Regierung in den 1960erjahren leichtsinnigerweise die Aufführung italienischer Kinofilme erlaubte, schleppte sie ungewollt ein neues Wort ein: den italienischen Gruß *ciao*. Das davon abgewandelte „čau" kämpft bis heute mit dem Ahoi um Beliebtheit – Ausgang offen. Allerdings wäre es nicht die erste Niederlage für das Ahoi. Die schwerste erfuhr das Wort im Kampf zwischen den amerikanischen (Telefon-)Erfindern Alexander Graham Bell und Thomas Alva Edison. Beide stritten sich nicht nur um die richtige Telefontechnik, sondern auch um DAS Wort, mit dem man ein Telefonat ZWINGEND eröffnen müsse. Edison favorisierte ein einfaches *hello*, Bell bestand partout auf *ahoy, ahoy* – und verlor damit den Grußformelkampf. Und obwohl Graham Bell das Telefon schließlich zur Marktreife brachte, behauptete er bis an sein Lebensende, niemals mehr das Wort *hello* in den Mund genommen zu haben – was ihm niemand wirklich glaubte, den Tschechen aber gefallen haben dürfte.

Die Zeitspanne, die sieben Tage umfasst, nennen wir im Deutschen „Woche". Der Zeitraum, der 14 Tage beschreibt, hat keinen eigenen Namen und wird gemeinhin als „zwei Wochen" bezeichnet. Anders in England. Hier gibt es für das 14-tägige Zeitintervall das Wort

FORTNIGHT,

welches präziser als 14-nächtiges (engl. *fourteen nights*) Intervall beschrieben werden müsste. Der Begriff geht auf den alten germanischen Brauch zurück, Zeitintervalle nicht nach Tagen, sondern nach Nächten zu bemessen. Übrigens: Die Macher des Computerspiels „Fortnite" haben sich bei der Namensgebung ihres distopischen Zombie-Ballervergnügens an diesem altertümlichen Begriff orientiert.

Unübersetzbare deutsche Wörter

In sospensione,
procedere lungo
la barra.

Hangeln.

Pull up and proceed
hand-over-hand the
entire length of ladder

*Ein Bild sagt mehr als tausend Worte über Worte, die mehr sagen als
ganze Sätze.*

Wörter gibt's, die gibt's nicht – zumindest nicht außerhalb Deutschlands. Der „Schilderwald" wird nur in der deutschen Sprache verwendet, weil er mutmaßlich auch nur in Deutschland steht bzw. wächst. Umso interessanter ist es, wie man im Ausland unsere Wortspezialitäten kommentiert und zu erklären versucht ...

Brückentag

Germans are famous for being diligent workers. But what is less well known is that they take vacation as seriously as they do work. Two holidays always fall on a Thursday, usually in May or June – Ascension Day and Corpus Christi. Naturally, working on the Friday between a holiday and a weekend would hardly be worth it; most Germans are either given this so-called „Brueckentag" (literally, „bridge day") off work, or they take it off themselves and make a long weekend out of it.

www.dw.com/en/word-of-the-week/g-2235205

Die Deutschen sind berühmt dafür, fleißige Arbeiter zu sein. Weniger bekannt ist, dass sie den Urlaub genauso ernst nehmen wie die Arbeit. Zwei Feiertage fallen jedes Jahr auf einen Donnerstag, gewöhnlich im Mai oder Juni: Christi Himmelfahrt und Fronleichnam. Am Freitag zwischen diesem freien Tag und dem Wochenende zu arbeiten erscheint natürlich kaum sinnvoll, sodass die meisten Deutschen diesen Tag entweder als sogenannten „Brückentag" frei bekommen oder sich diesen Tag frei nehmen, um sich ein langes Wochenende zu machen.

Erbsenzähler

Germans have a very specific word that describes someone who is nit-picky, obsessed with details and a control freak: an Erbsenzähler. (...) Thus, an Erbsenzähler literally describes someone who counts peas — you know, the kind of peas you might find on your dinner plate.

https://germanyinusa.com/tag/word-of-the-week/page/2/

Die Deutschen haben ein sehr spezifisches Wort, das jemanden beschreibt, der pingelig, besessen von Details und ein Kontrollfreak ist: den Erbsenzähler. (...) Wörtlich genommen ist ein Erbsenzähler jemand, der Erbsen zählt – jene Erbsen, die man zum Abendessen auf dem Teller hat.

Feierabend

Si vous travaillez un jour en Allemagne, ne soyez pas surpris d'entendre vos collègues vous souhaiter un schönen Feierabend lorsque la journée sera terminée. Contrairement à ce qu'on pourrait supposer dans la mesure où Feier veut dire fête, ils ne vous souhaitent pas de passer une soirée incroyable, mémorable et... un peu floue à enchaîner les bières au Biergarten du coin.

Eh non. Vous allez être déçu mais ils vous souhaitent simplement de passer une bonne soirée – si votre journée de travail se finit en fin d'après-midi ou le soir, du moins. Notez que le mot est utilisé pour décrire les quelques heures qui se déroulent après la fin de la journée de travail, peu importe si elles ont vraiment lieu le soir (Abend) ou non.

www.lingoda.com/fr/blog/mots-allemands-surprenants

Falls Sie mal einen Tag in Deutschland arbeiten, sollten Sie nicht überrascht sein, wenn Ihnen Ihr Kollege am Ende des Tages einen schönen Feierabend wünscht. Nun könnte man das Wort Feier im Sinne von Fest oder Fete verstehen und meinen, dass der Kollege einen unglaublichen und unvergesslichen Abend im Sinn hat und mit Ihnen den örtlichen Biergarten auf die Probe stellen möchte.

Aber nein, dem ist nicht so. Sie werden enttäuscht sein: Der Kollege möchte Ihnen lediglich am Nachmittag oder Abend zum Ende der Arbeitszeit hin einen schönen Tagesausklang wünschen. Beachten Sie, dass das Wort die wenigen Stunden beschreibt, die nach dem Ende des Arbeitstages stattfinden, unabhängig davon, ob sie wirklich in der Nacht (Abend) auftreten oder nicht.

Fingerspitzengefühl

If you have fingerspitzengefühl, you are acutely and intuitively aware of changing situations and opportunities, and always know your next move. This quality of an instinctive, sensitive touch is often applied to military and political leaders, who either have it – or don't.

www.thelocal.de

Wenn Sie Fingerspitzengefühl haben, sind Sie sich intuitiv der sich verändernden Situationen und Möglichkeiten bewusst und wissen immer um Ihren nächsten Zug. Diese Qualität eines instinktiven und sensiblen Gespürs wird oft militärischen oder politischen Führern zugeschrieben, die es entweder haben – oder auch nicht.

Freizeitstress

Solemos imaginar las vacaciones como un remanso de paz, repleto de ese tiempo que nos suele faltar durante el resto del año. Sin embargo, con el solaz veraniego también llegan infinidad de planes, que nos obligan a decidirnos por planes, a cual más divertido. Los alemanes lo tienen claro: somos víctimas del „Freizeitstress", el estrés del tiempo libre.

https://www.goethe.de/ins/es/es/kul/mag/20867494.html

Wir stellen uns den Urlaub immer als eine Lagune des Friedens vor, auf der wir all jene Zeit zur Verfügung haben, die uns ansonsten das ganze Jahr über fehlt. Allerdings bringt die sommerliche Urlaubszeit jede Menge Möglichkeiten mit sich, wie man den Urlaub gestalten kann, und nicht immer fällt es leicht, die beste Wahl zu treffen. Die Deutschen sehen das mit aller Klarheit: Sie sind Opfer von „Freizeitstress" – diesem Stress, der durch die Verfügbarkeit von Freizeit entsteht.

Frühjahrsmüdigkeit

Every German knows what it is. In fact it works a pretty legit excuse for less than top notch performance at work or in school. But it is hard if not impossible to translate to English. (…) What's interesting is that German media talks about Frühjahrsmüdigkeit as if it is a scientifically proven and explainable phenomenon. You can read stuff like „It is because the body is modifying the hormonal balance and that is what makes us tired."

https://yourdailygerman.com/meaning-fruehjahrsmuedigkeit/

Jeder Deutsche kennt das Gefühl der Frühjahrsmüdigkeit. Es bietet eine ziemlich legitime Entschuldigung für unzureichende Leistungen bei der Arbeit oder in der Schule. Aber es ist schwer, wenn nicht gar unmöglich, das Wort ins Englische zu übersetzen. (…) Interessant ist, dass die deutschen Medien über die Frühjahrsmüdigkeit sprechen, als wäre es ein wissenschaftlich nachgewiesenes und erklärbares Phänomen. Man kann Aussagen lesen wie „Frühjahrsmüdigkeit entsteht dadurch, dass der Körper das hormonelle Gleichgewicht verändert, und das macht uns müde."

Futterneid

invidia del cibo altrui. Vi capita mai di andare al ristorante con qualcuno e di scoprire di avere voglia di mangiare esattamente quello che il vostro commensale ha ordinato e voi avete „colpevolmente" tras-

curato? Che ve ne siate privati per senso di disciplina (siete a dieta o avete deciso di non bere) o per puro caso, in questi casi vi sentirete irresistibilmente attratti dalla scelta del „vicino" e frustrati dalla vostra. Ecco, quella è la Futterneid.

www.ilmitte.com/2017/02/03/10-parole-tedesche/

Neid auf das Essen anderer. Ist es Dir auch schon mal passiert, dass Du mit jemandem im Restaurant bist und genau das essen willst, was Dein Gegenüber bestellt hat? Ob bewusst ignoriert oder verdrängt, vielleicht auch aus Gründen der Disziplin (weil Du auf Diät bist oder beschlossen hast, nichts zu trinken) oder einfach aus Zufall – in diesem Moment fühlst Du Dich unglaublich von der Wahl Deines „Nachbarn" angezogen und bist von Deiner eigenen Essenswahl frustriert. Dieses Gefühl, das ist Futterneid.

Geisterfahrer

The word does not refer to a ghost, but to a person who is driving on the wrong side of the road. This is clever because it suggests that a) that driver is somewhere he shouldn't be (like the aimlessly wandering ghost), and b) if you drive on the wrong side of the road, you could have a fatal accident – and then you really would be a Geist!

https://blogs.transparent.com/german/untranslatable-german-words-der-geisterfahrer/

Das Wort bezieht sich nicht auf einen Geist, sondern auf eine Person, die auf der falschen Straßenseite fährt. Das ist schlau, weil es andeutet, dass der Fahrer a) irgendwo ist, wo er nicht sein sollte (wie der ziellos umherstreifende Geist), und dass er b) durch sein Falschfahren einen tödlichen Unfall haben und dann in Wirklichkeit zum Geist werden könnte!

Hüftgold

*Pas d'hiver à l'horizon et vous avez échappé au chagrin d'amour ?
Ne vous réjouissez pas trop vite, le Hüftgold est peut-être en train de
vous guetter. „Or de hanches", vous dites ? Eh oui, encore un mot pour
décrire les poignées d'amour. Ne dites plus jamais que l'allemand n'est
pas une langue poétique !*

www.lingoda.com/fr/blog/mots-allemands-surprenants

Kein Winter am Horizont und du bist der Trauer der Liebe entkommen? Freu dich nicht zu früh, das Hüftgold liegt villeicht schon auf der Lauer. „Gold der Hüften", sagst du? Aber ja, ein weiteres Wort, um die Griffe der Liebe zu beschreiben. Sag niemals, dass Deutsch keine poetische Sprache ist!

Karteileiche

*„Karteileiche" literally means „index card corpse," but in this case there's no criminal investigator and not even a funeral. These corpses are
truly forgotten. „Index card corpses" refer to the personal data on file
for an individual who is no longer associated with the organization
in question. The typical corpse turns up when Mr. Schmidt switches
dentists but remains listed under „S" in first's the file cabinet, or when
Ms. Müller's forgets to tell the local chess club she's married, changed
her name and moved on to backgammon.*

www.dw.com/en/word-of-the-week/g-2235205

„Karteileiche" bedeutet wörtlich „Karteikarten-Leiche", nur dass es keinen Kriminalbeamten und nicht einmal eine Beerdigung gibt. Diese Leichen sind wirklich vergessen. „Karteikartenleichen" beziehen sich auf die persönlichen Daten, die von einer Person gespeichert sind, die nicht mehr mit der fraglichen Organisation in Verbindung steht. Die typische Leiche taucht auf, wenn Herr Schmidt zu einem anderen Zahnarzt wechselt, aber im Aktenschrank weiterhin unter

„S" steht, oder wenn Frau Müller vergisst, dem örtlichen Schachclub zu erzählen, dass sie geheiratet und ihren Namen geändert hat und fortan Backgammon spielt.

Kopfkino

It can happen anywhere, in the subway, at work, or at the grocery store. One moment you're buying a carton of milk, and the next second your mind drifts off into a daydream. You might even say your thoughts have run away to direct their own movie. In German this phenomenon is called Kopfkino."

www.dw.com/en/word-of-the-week-kopfkino/a-17638891

Es kann überall passieren: in der U-Bahn, bei der Arbeit oder im Supermarkt. In dem einen Moment kauft man eine Tüte Milch, und in der nächsten Sekunde driftet der Geist in einen Tagtraum ab. Man könnte sogar sagen, dass die Gedanken weggelaufen sind, um ihren eigenen Film zu drehen. Im Deutschen wird dieses Phänomen Kopfkino genannt.

Kummerspeck

De Kummer, 'pena' y Speck 'tocino', esta palabra se refiere al peso ganado por comer en exceso debido a las emociones. Los alemanes hicieron bien poniéndole nombre a lo que sucede cuando queremos consolarnos o tener el control de las situaciones con comida.

Estamos acostumbrados a encontrar calma y confort en ella, por eso no nos damos cuenta de cómo devoramos literalmente esas emociones que nos producen angustia hasta un tiempo después de haber aumentado de peso.

http://blogdeespanol.com/2016/06/46-terminos-idioma-no-tienen-traduccion-espanol/

Von Kummer, „Pena", und Speck „Bacon", bezieht sich dieses Wort auf das Gewicht, das durch das Überessen aufgrund von Emotio-

nen gewonnen wird. Die Deutschen taten gut daran zu benen.
was passiert, wenn wir uns selbst trösten oder die Kontrolle übe.
Situationen mit Essen haben wollen.

Wir sind daran gewöhnt, Ruhe und Trost darin zu finden, sodass wir
nicht erkennen, wie wir jene Gefühle, die uns Angst machen, bis zu
einer Zeit nach der Gewichtszunahme buchstäblich verschlingen.

Luftschloss

*Literally, a castle in the air or a dream that is unattainable – a word
that suggests that German culture is deeply indulgent about big
dreams, but also gently realistic about how hard it can be to ful-
fil them.*

https://www.nzherald.co.nz/entertainment/news/article.cfm?c_id=1501119&objectid=11934509

Wörtlich übersetzt ist ein Luftschloss ein Schloss in der Luft oder
ein Traum, der unerreichbar ist. Das Wort zeigt zum einen die Of-
fenheit der deutschen Kultur für große Träume und zum anderen,
wie schwer sich diese manchmal erfüllen lassen.

Nestbeschmutzer

*„The one who makes the nest dirty" is a person who messes up the en-
vironment where he/she belongs (family, church, party, homeland …). It's
an outrageous behavior which even animals would not have.*

https://berlinoschule.com/15-concepts-that-only-germans-have/

„Derjenige, der das Nest schmutzig macht" ist eine Person, welche
ihre Umwelt gegen sich aufbringt, sei es die eigene Familie, die Kir-
che, die Partei oder die Heimat. Es handelt sich um ein unverschäm-
tes Verhalten, welches noch nicht einmal Tiere haben würden.

heard this, I thought my friend had an actual worm
he probably caught during one of his latest backpa-
how I was wrong: an Ohrwurm is what happens when
you get a song stuck in your head, and you (have to) keep singing it
over and over again.

www.ef.com/blog/language/17-german-words-with-no-english-translation/

Als ich das Wort zum ersten Mal hörte, dachte ich, mein Freund hätte einen echten Wurm im Ohr, den er sich vielleicht während einer seiner letzten Rucksacktouren eingefangen hat. Oh, wie falsch ich damit lag: Ein Ohrwurm ist das, was passiert, wenn sich ein Lied in deinem Kopf festsetzt und du es immer und immer wieder singen musst.

Querdenker

L'aggettivo „quer" significa trasversale, storto e non ha un significa-
to positivo. Unirlo a „Denker" (pensatore) non può che portare alla
valutazione molto negativa di una persona. Ma nel 1991 il Duden lo
ha nominato vocabolo dell'anno, sancendo che pensare con la propria
testa, senza seguire gli altri, in realtà può essere un valore.

https://berlinocacioepepemagazine.com/piccolo-viaggio-nellanima-tedesca-15-concetti-che-esistono-solo-in-germania/

Das Adjektiv „quer" bedeutet krumm und hat eine negative Bedeutung. Wenn es mit dem Wort „Denker" zusammengesetzt wird, führt dieses zu einer sehr negativen Betrachtung einer Person. Trotzdem wählte 1991 der Duden das Wort zum „Begriff des Jahres" und behauptete, dass das Denken mit dem eigenen Verstand tatsächlich wertvoll sein kann.

Quotenfrau

Gender equality is taken for granted in Germany but when a women is considered as „Quotenfrau" it is not a positive thing. It means when a woman is hired at job „only because she is a woman". More because it's a obligatory and not because she deserved it.

Die Gleichstellung der Geschlechter ist in Deutschland selbstverständlich, wenn ein Frau jedoch als Quotenfrau eingeschätzt wird, ist dieses nicht positiv. Es bedeutet, dass eine Frau für einen Job eingestellt wurde „nur, weil sie eine Frau ist" und weil dieses obligatorisch ist und nicht, weil sie es verdient hätte.

Rechthaber

Giusto per non essere troppo prolissi con concetti filosofici, torniamo nell'ambito dei comuni mortali, in particolare di quelli antipatici che „vogliono sempre avere ragione". E visto che si tratta di una percentuale piuttosto alta, i tedeschi hanno inventato una parola apposita, Rechthaber, che indica una persona che pensa di „avere ragione" (dall'espressione Recht haben).

La lingua tedesca stessa abbonda di parole relative all'„avere ragione", „sapere meglio", „essere più bravi". Si citano, per esempio, il Besserwisser, esemplare che crede di sapere tutto meglio (besser), il Wichtigtuer, colui che „fa cose importanti" (wichtig) e, per chi coltiva autostima mischiata ad arroganza sin dall'infanzia, si parla di altklug, „saputello".

Um das Ganze nicht zu komplex werden zu lassen, beziehen wir uns hier nur auf die Normalsterblichen – also vor allem auf Angeber, die immer Recht haben wollen. Und da es sich hierbei um die Mehrheit handelt, haben die Deutschen dafür das Wort „Rechthaber" erfunden, das eine Person beschreibt, die denkt, sie habe recht (abgeleitet vom Begriff „Recht haben").

Die deutsche Sprache steckt voller Begriffe wie „Recht haben", „besser wissen" oder „besser sein". So gibt es zum Beispiel den Besserwisser – ein Individuum das glaubt, alles besser zu wissen. Ein Wichtigtuer hingegen ist jemand, der meint, er kümmere sich um wichtige Dinge und diejenigen, die seit ihrer Kindheit Selbstbewusstsein mit Arroganz vermengen, bezeichnet man als altklug.

Schadenfreude

Maybe one of the most famous untranslatable German words ... „the joy of others' misfortune". Since only Germans have this word, they could wonder „So are we the only ones who are happy for someone else's disgarce?". No, in this case it's just honesty of German language.

https://berlinoschule.com/15-concepts-that-only-germans-have/

Vielleicht eines der berühmtesten unübersetzbaren deutschen Wörter – „die Freude am Unglück anderer". Da es dieses Wort nur im Deutschen gibt, könnte man sich fragen: „Sind die Deutschen die Einzigen, die sich am Schaden anderer erfreuen?" Nein, in diesem Fall ist es nur Ehrlichkeit der deutschen Sprache.

Schilderwald

This species of forest favorably grows around busy intersections and in concrete jungles. Street signs are usually put up to help us navigate, but when there are so many that we miss the forest for the trees, we might be dealing with a Schilderwald. And if you've ever driven on a German road, you will know that, like everything in Germany, traffic is highly regulated.

https://learnoutlive.com/7-untranslatable-german-words/

Dieser Wald wächst bevorzugt an hochfrequentierten Kreuzungen und in Beton-Urwäldern. Straßenschilder werden normalerweise aufgestellt, um den Verkehr zu regeln. Wenn es jedoch so viele gibt, dass wir den Wald vor lauter Bäumen nicht mehr sehen, haben wir es vielleicht mit einem Schilderwald zu tun. Und wenn Sie jemals auf einer deutschen Straße unterwegs waren, werden Sie wissen, dass der Verkehr – wie alles in Deutschland – stark durchreguliert ist.

Schnapsidee

We've all had them, and often regretted them afterwards, but only in German do they have their very own word. A Schnapsidee (Liquor-idea) is a handy term for those ingenious plans one hatches when drunk – or a plan so stupid you think it must have come from a drunken mind.

www.thelocal.de

Jeder von uns hatte schon mal eine und hat sie danach zumeist bereut, aber nur auf Deutsch gibt es ein eigenes Wort dafür. Eine Schnapsidee (Likör-Idee) ist eine praktische Bezeichnung für jene genialen Pläne, die man entwickelt, wenn man betrunken ist – oder für einen Plan, der so dumm ist, dass man sich diesen nur im betrunkenen Zustand hatte ausdenken können.

Sitzfleisch

As much as it sounds like it, Sitzfleisch isn't a recipe of German Hausfrauen that involves tenderizing meat by placing it under your buttocks. Instead, it describes a character trait. Those who possess a lot of seat meat are able to sit through and weather something incredibly hard or boring. It's like carrying your own personal cushion around with you.

www.fluentu.com/blog/german/weird-german-words-vocabulary/

Auch wenn es sich so anhören mag: Sitzfleisch ist kein Rezept deutscher Hausfrauen, bei dem man Fleisch zerkochen muss, indem man es unter das Gesäß legt. Stattdessen beschreibt es ein Charaktermerkmal. Wer viel Sitzfleisch besitzt, kann durchhalten und etwas unglaublich Hartes oder Langweiliges durchstehen. Es ist so, als würde man sein persönliches Kissen mit sich herumtragen.

Stammtisch

Oltre a essere una parola intraducibile, è anche una valida finestra sulla cultura tedesca. La parola Stammtisch indica il tavolo riservato a una particolare persona in una birreria o caffetteria, un „tavolo fisso", diremmo noi. Di solito, si tratta di un luogo di ritrovo tra amici o tra famigliari, di un vero e proprio rituale che si propaga nel tempo. Infatti, il termine Stamm, tronco, ceppo, lignaggio, comunica l'idea di una tradizione solida, di un incontro reiterato tra persone che condividono non solo il „lignaggio", ma anche valori e interessi.

https://ripetizioni.skuola.net/blog/le-10-parole-intraducibili-del-tedesco-2/

Unabhängig davon, dass es sich hier um ein unübersetzbares Wort handelt, gibt der Begriff auch einen tiefen Einblick in die deutsche Kultur. Das Wort Stammtisch bezeichnet einen Tisch, der für eine gewisse Person in einem Wirtshaus oder in einem Café vorbehalten ist; wir würden es einen fest reservierten Tisch nennen. Normalerweise handelt es sich um einen Treffpunkt von Freunden oder der Familie. Diese Treffen haben sich im Laufe der Zeit zu einem Ritual entwickelt. Tatsächlich bezeichnet das Wort Stamm, Baumstamm, Baumstumpf und Abstammung die Idee einer soliden Tradition, eine regelmäßige Zusammenkunft von Menschen, die nicht nur die gleichen Ideen teilen, sondern auch Werte und Interessen.

Streicheleinheit

The word comes from the verb streicheln — to stroke or pet — and the noun Einheit — a unit of measurement. So it literally means „a unit of petting." But the way it's used in practice is more along the lines of what in English might be shortened to TLC — tender love and care. A German might say „Wir alle sehnen uns nach Streicheleinheiten" — we're all yearning for love and affection. And isn't that the truth.

www.fluentu.com/blog/german/german-words-in-english/

Das Wort setzt sich aus dem Verb „streicheln"und dem Substantiv „Einheit" zusammen, was eine Maßeinheit ist. Es bedeutet wörtlich „eine Einheit des Streichelns". Aber die Art und Weise, wie es in der Praxis verwendet wird, ist eher eine Anlehnung an das, was auf Englisch mit TLC abgekürzt wird: zärtliche Liebe und Fürsorge. Ein Deutscher könnte sagen „Wir alle sehnen uns nach Streicheleinheiten" –wir alle sehnen uns nach Liebe und Zuneigung. Wenn da man nicht viel Wahrheit drinsteckt.

Torschlusspanik

It can be very similar to Weltschmerz, but it's less world and more peer pressure. Torschlusspanik is kind of like having a biological clock for everything – and the clock is ticking louder and louder as you sit in your parents basement while your friends are getting married, run marathons, and generally save the world.

www.ef.com/blog/language/17-german-words-with-no-english-translation/

Es kann dem Weltschmerz sehr ähnlich sein, ist aber weniger Welt und dafür mehr Gruppenzwang. Torschlusspanik ist so etwas wie eine biologische Uhr für alles – und die Uhr tickt immer lauter, während du im Keller deiner Eltern sitzt, während deine Freunde heiraten, Marathons laufen und die Welt retten.

Trittbrettfahrer

Everybody knows that there are no free rides in this world and that a free-rider isn't getting a free ride, he's just not paying for it himself. Someone else is. In German, the word for free-rider – „Trittbrettfahrer" (literally „footboard rider") – can refer to the dishonest streetcar passenger who boards without a ticket. But it is also used to describe a larger social phenomenon of people who take without giving. The tax-payer who refuses to contribute to national security, but enjoys the protection of the military is the classic example.

www.dw.com/en/word-of-the-week/g-2235205

Jeder weiß, dass es in dieser Welt keine freien Fahrten gibt und dass ein „Freifahrer" in Wirklichkeit keine freie Fahrt bekommt, sondern einfach nicht für seine Fahrt bezahlt. Die Bezahlung übernimmt jemand anders. Der Begriff des Trittbrettfahrers kann sich auf den unehrlichen Straßenbahnfahrer beziehen, der ohne Fahrkarte einsteigt. Darüber hinaus wird das Wort verwendet, um das Sozialverhalten von Menschen zu beschreiben, die nehmen, ohne zu geben. Das klassische Beispiel ist der Steuerzahler, der sich einerseits weigert, zur nationalen Sicherheit beizutragen, andererseits aber den Schutz des Militärs genießen will.

Vergangenheitsbewältigung

Ce mot connaît une grande importance culturelle en Allemagne. Dans un contexte historique, il s'agit de digérer les crimes du national-socialisme, d'aborder la culpabilité collective et d'éviter que de telles atrocités ne se reproduisent. Ce terme inévitablement complexe fait partie du débat public même sept décennies après la chute des Nazis.

https://blog.laroutedeslangues.com/13-fascinants-mots-allemands-qui-nexistent-pas-en-francais/

Dieses Wort ist in Deutschland von großer kultureller Bedeutung. Steht es in einem historischen Kontext, bezieht es sich darauf, die

Verbrechen des Nationalsozialismus zu verdauen, kollektive Schuld-gefühle anzugehen und eine Wiederholung solcher Gräueltaten zu verhindern. Dieser zwangsläufig komplexe Begriff ist auch sieben Jahrzehnte nach dem Sturz der Nazis Teil der öffentlichen Debatte.

Vorfreude

Esta palabra refleja el estado de ánimo que alguien experimenta al pensar y saber que está a punto de suceder algo bueno.

https://cronicasgermanicas.com/2013/10/28/7-expresiones-alemanas-intraducibles/

Dieses Wort spiegelt den Geisteszustand wider, den jemand beim Denken erlebt und dann weiß, dass etwas Gutes passieren wird.

Weltschmerz

(pronounced: VELT-shmairts). Weltschmerz, a word coined during the Romantic era in Germany, literally translates to world (Welt) pain (Schmerz), but it means so much more. Similar to the French term ennui, Weltschmerz is a rather pessimistic word capturing a feeling of pain and disappointment that the world is falling short of one's expectations.

https://study.com/academy/lesson/untranslatable-german-words.html

(Ausgesprochen: VELT-shmairts). Weltschmerz, ein Wort, das während der Romantik in Deutschland geprägt wurde, bedeutet wörtlich übersetzt „Weltschmerzen", eigentlich aber noch viel mehr. Ähnlich wie der französische Begriff *ennui* ist Weltschmerz ein eher pessi-mistisches Wort, das ein Gefühl von Schmerz und Enttäuschung be-schreibt, dass die Welt den eigenen Erwartungen nicht gerecht wird.

An Stelle eines Nachwortes haben wir einen Brief an Donald Trump geschrieben. Irgendwie hatten wir das Gefühl, dass wir ihn unbedingt mit einem besonderen dänischen Wort bekannt machen müssten.

Melde dich mal, Donald!

AXEL KROHN & CHRISTIAN KOCH

Axel Krohn & Christian Koch · Christoph-Probst-Weg 4 · 20251 Hamburg

The White House
President Donald J. Trump
1600 Pennsylvania Avenue NW
Washington, DC 20500

Hamburg, den 08.09.2018

Dear Mr. President!

Have you ever noticed that you always grind your jaw when listening to people you do not like? You are performing a permanent jaw-funfair, with permanent horizontal chewing movements. Somehow it leaves a terribly unrelaxed feeling. Did you ever fall into a bucket of coffee when you were a child? Or did someone mix so...
food? Allegedly you squat in the evenings in ...
alone in front of a huge T...

RC 31 467 568 6DE Recommandé PRIORITY
R   A0 020E 0E56 00 0000 0018
                     IM 08.09.18 3.40 Deutsche Post

The White House
Mr. Dona J. Trump
Pennsylvania Avenue NW 1600
DC 20500 WASHINGTON DC
VEREINIGTE STAATEN VON AMERIKA (USA)

Axel Krohn & Christian Koch · Christoph-Probst-Weg 4 · 20251 Hamburg

The White House
President Donald J. Trump
1600 Pennsylvania Avenue NW
Washington, DC 20500

Make Quittengelee Great Again, Mr. Trump!

Lieber Donald Trump!

Ist Ihnen mal aufgefallen, dass Sie permanent mit dem Unterkiefer mahlen, wenn Sie Leuten zuhören müssen, die Sie nicht mögen? Eine ständige Kieferkirmes ist das bei Ihnen, mit permanenten horizontalen Kaubewegungen. Kommt irgendwie furchtbar unentspannt rüber. Sind Sie als Kind mal in den Kaffee gefallen? Oder hat man Ihnen sonst was ins Futter gemischt? Angeblich hocken Sie ja abends auch in Ihrem (sicher unglaublich flauschigen) Bademantel alleine vor einem riesigen Fernseher, futtern Burger mit Pommes und kippen literweise süße Softdrinks runter, als stünde ein Handelskrieg für Industriezucker vor der Tür. Das klingt alles furchtbar ungesund und erklärt vielleicht das nervöse Kiefermahlen.

Kennen Sie eigentlich Dänemark? Das ist das ausgefranste Stück Land nördlich von Deutschland. Sehr symphatische Leute dort. Beautifull. Great Country. Das Wichtigste: Alle Dänen kennen ein Wort, das uns hier in Deutschland momentan ganz verrückt macht und vielleicht auch Ihnen helfen könnte: *hygge* oder auch *hyggelig*. Es heißt so viel wie „gemütlich" oder „es sich gemütlich machen" – drinnen und draußen. In Wahrheit ist es aber weitaus mehr, nämlich eine Lebenseinstellung. Wenn man *hyggelig* lebt, schmeißt man quasi unentwegt Glückspillen ein, fühlt sich friedfertig und ausgeglichen. Wäre das nicht was für Sie? Es gibt dabei nur ein paar einfache Regeln zu beachten, die wir für Sie persönlich mal aufgestellt haben:

1. Keine Helikopterflüge mehr auf dem Golfplatz! Golfen ist nur bedingt *hyggelig*. Besser sind lange Brettspielabende. Auch Helikopter gehen gar nicht, es sei denn, Sie stellen ein paar Duftkerzen ins Cockpit.

2. Kein BicMac vor der Glotze! Alleine essen ist nicht *hygge!* Fast Food erst recht nicht! *Hyggelige* Nahrungsaufnahme bedeutet, an unwahrscheinlich langen Holztischen mit unwahrscheinlich guten Freunden zu sitzen, zu essen, zu trinken und Hagebuttenmarmeladenrezepte auszutauschen. Fünfzehn Gäste sollten es allerdings schon sein – so viele braucht man, um einen dieser Monstertische in die Mitte eines riesigen Gartens zu wuchten, in dem diese *Hyggegelage* immer stattfinden. Wichtig ist dabei, dass ständig kleine Kinder barfuß um den Tisch rennen. Mädchen bitte in weißen Kleidchen und selbst geflochtenen Bastkörbchen (fürs Blaubeersammeln), Jungs gerne mit Schiebermütze, Retro-Hosenträgern und einer Angel, an der nie ein Fisch hängt. Und eigentlich muss der Garten direkt an einem dieser skandinavisch konfektionierten Seen liegen – mit Holzsteg, ohne Surfer und vielen Birken. Mr. Trump, so einen See im Garten vorm Weißen Haus zu buddeln, das kann für den mächtigsten Mann außerhalb Dänemarks nicht allzu schwierig sein? Schließlich geht es ja um Ihr furchtbares Kiefermahlen.

3. Kein Twitter! Dafür bleibt nun wirklich keine Zeit mehr. Beim *Hygge* verbringen Sie die Hälfte Ihrer Freizeit mit Tomateneinwecken und Quitteneinkochen. Was man mit den ganzen eingeweckten Tomaten wirklich machen soll, wissen wir allerdings auch nicht. Da fragen Sie am besten mal bei den Dänen nach.

4. Kein Solarium! Brauchen Sie nicht mehr. Sie sitzen tagsüber ja die ganze Zeit im Garten. Schon vergessen? #endlesssummer

5. Keine Mauern! Wenn sich's jeder zu Hause oder im Garten gemütlich macht, wer will dann noch flüchten? Genial, oder?

6. Keine Handelskriege! Die wären auch komplett unnötig. Wo kein Handel – da kein Krieg. In der *Hyggewirtschaft* kauft man überhaupt

nichts mehr aus Übersee! Alles kommt irgendwie „aus der Region".
Man kariolt dann mit dem Lastenfahrrad von Bio-Hof zu Bio-Hof
und kauft bei freilaufenden Bauern Eier von freilaufenden Hühnern.

7. Kein „Make America Great again!" *Hygge* ist Bescheidenheit. Wenn
es unbedingt sein muss, dann auf dänisch: *Gør Amerika stor igen!*

Klingt doch alles ganz gut, oder? Es sind die einfachen Dinge, die
glücklich machen. Uns Europäer würde es zum Beispiel glücklich
machen, wenn Sie jeden Abend in Ihre Wollsocken schlüpften, Ihren
Flauschbademantel überstreiften und bei einem duftenden Holun-
dertee nicht versehentlich auf den Atomknopf patschen.

Und wenn Sie irgendwann so richtig *hyggemäßig* drauf sind, vielleicht kommen Sie ja sogar mal wieder zu Besuch. Nicht als quar-
talsirre Arschgeige mit Atomkoffer, sondern als führender Lamm-
fell-Hedonist der freien Welt mit zweitausend Gläsern Quittengelee
als Gastgeschenk, die von Ihnen persönlich im Lastenfahrrad durchs
Brandenburger Tor kutschiert werden. Und abends sitzen wir dann
alle zusammen im wärmenden Gegenlicht der versinkenden Sonne
an einem langen, langen Holztisch an einem See in der Uckermark.

Wäre das nicht wunderbar?

Aus Europa grüßen Sie ganz herzlich

Axel Krohn und Christian Koch

Quellen und Bildhinweise

Álvaro Fernández (S. 185); Peter Strom (S. 86); Axel Krohn (S. 143); Bradwick McGinty (S. 53); Bram de Vries (141); bullfrogblog (S. 135); Christian Koch (S. 41, 66, 195, 203, 209, 220, 244); dreamstime (S. 10, 26, 58, 62, 64, 74, 81, 138, 150, 152, 154, 157, 158, 169, 188); EMT Madrid (S. 31); flickr/whelsko (S. 224); fotolia (S. 68); Heinz Krimmer/ voller Ernst (S. 212); imago/werek (S. 109); Web (S. 109, 115); iStock (S. 12, 28, 34, 36, 88, 90, 106, 196); Jan-Philip Thie (S. 46); Kim Karpeles/ Alamy Stock Foto (S. 77); Kolja von der Lippe (S. 33); Marc Fischer (S. 206); Martin Becker (S. 19); Martin Schuster (S. 72); Miriam Schulze (S. 98); Panther Media GmbH/Alamy Stock Foto (S. 161); photocase (S. 144); picture alliance/dpa (S. 57, 118, 163, 223); pixabay (S. 129, 183); R&R_in_Zimbabwe (S. 219); Richard Yeh/WNYC New York Public Radio (S. 30); Sara Rosenbaum (S. 227); Science History Images/ Alamy Stock Photo (S. 205); Stephen Dorey/Alamy Stock Photo (S. 200); theblondegirl12/Alamy Stock Photo (S. 104); Tim Ober-Bloibaum, Anja Mucha (S. 173); unsplash (S. 14, 20, 22, 38, 42, 44, 48, 50, 54, 70, 78, 84, 94, 96, 100, 112, 120, 122, 126, 130, 136, 148, 180, 192, 198, 210, 214, 216); wiki commons (S. 116, 147, 177, 179); ZUMA Press, Inc./Alamy Stock Photo (S. 175).

Trotz intensiver Bemühungen konnten wir nicht bei allen Bildern die Quelle zweifelsfrei klären und eventuelle Rechteinhaber ausfindig machen. Im Zweifel bitten wir die entsprechenden Personen, sich beim Verlag zu melden.

Danke* an:

Doreen (!), Nina, Kolja, Claudia und Torge, Eszter, Tim und Anja, Nik, Volker, den Fürst der Finsternis, die Nanni, Fidi und den Doktor

*Achtung: Kann Spuren von Küssen enthalten